안녕하세요. 지난 한 해 정말 고생 많으셨습니다.
지난 해 우리 주가지수가 세계에서 가장 많이 떨어졌지만,
많이 떨어졌다는 것은 올해 많이 오를 수도 있다는
반증입니다.
올 한 해를 금융 민주주의를 이룰 기회로 만드시길
바랍니다.
고맙습니다.

2023. 1
김 영 익 올림

BIG WAVE
거대한 변화

이메일 vegabooks@naver.com　**홈페이지** www.vegabooks.co.kr
블로그 http://blog.naver.com/vegabooks
인스타그램 @vegabooks　**페이스북** @VegaBooksCo

위기는 새로운 기회와 부자를 만든다

BIG WAVE

거대한 변화

"준비된 위기는 기회다!"

경기침체의 대혼란, 앞으로 1년이 10년을 결정한다
위기 속 기업이 주목하는 전문가의 통찰!

베가북스
VegaBooks

책을 시작하며

3고의 종말은 심각한 경기침체?

2022년 세계 경제가 '3고'(고물가, 고금리, 고환율)로 진통을 겪고 있다. 3고의 원인은 단연 미국의 고물가이다. 2022년 6월 미국의 소비자물가는 전년 같은 달에 비해 9.1%나 상승했다. 1981년 11월(9.6% 상승) 이후 40년 4개월 만에 최고치였다. 물가가 이렇게 오르니 미국의 연방준비제도(Fed, 이후 연준으로 표기)는 금리를 과감하게 인상할 수밖에 없었다. 미국의 금리 상승은 달러 가치 상승을 초래했다. 달러 가치가 오르다 보니 다른 나라도 자금 유출을 막기 위해 금리를 더 올렸다.

그렇다면, 이런 3고 현상은 어떻게 해소될 것인가? 미국의 실질금리에서 그 답을 찾을 수 있다. 실질금리란 명목금리에서 물가상승률을 뺀 것이다. 명목금리는 우리가 시장에서 관찰하는 금리로 은행의 예금금리나 저축금리가 될 수 있고 시장에서 매일 변동하는 채권 수익률일 수도 있다. 여기서는 명목금리를 10년물 국채의 수익률로 정의하기로 한다.

일반적으로 명목금리는 물가상승률보다 높아야 한다. 금리는 시간 선호율 측면에서 '소비를 참는 것에 대한 대가'다. 가령 내가 지금 100만 원을 가지고 있다고 가정해보자. 이 돈으로 맛있는 음식을 먹

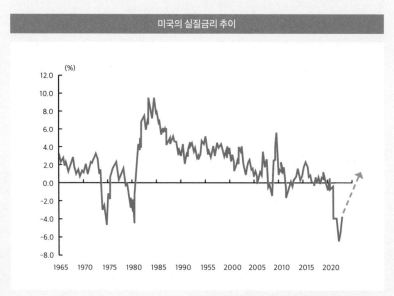

미국의 실질금리 추이

주: 실질금리는 10년 국채수익률과 소비자물가 상승률의 차이
자료: Federal Economic Data

거나 쇼핑을 하면 즐겁다. 그러나 그 돈을 쓰지 않고 은행에 맡겨둔 다면, 소비를 참는 데 대한 대가를 받을 수 있다. 물론 돈을 맡긴 동 안 금리가 물가 상승률보다 더 높아야 저축의 당위성이 생길 것이 다. 그래서 명목금리에서 물가상승률을 뺀 실질금리는 플러스(+)라 야 정상이다. 그런데 미국의 10년 국채수익률에서 소비자물가 상승 률을 차감한 실질금리가 2019년 8월부터 마이너스(-)로 돌아섰고, 2022년 3월에는 -6.4%로 사상 최저치를 기록했다. 지극히 비정상적 상황이다.

실질금리 정상화 과정에서 명목금리 상승

실질금리가 정상화하기 위해서는 명목금리가 상승하거나 물가 상승률이 낮아져야 한다. 이 과정에서 미국의 금리가 오르고 있다. 2020년 3월에 0.54%로 사상 최저치를 기록했던 10년 국채수익률이 2022년 10월에는 4.24%까지 상승했다. 그런데도 실질금리는 지난 10월 -3.8%(월평균 기준)로 아직도 큰 폭의 마이너스 상태에서 벗어나 지 못하고 있다.

금리가 더 올라야 한다는 의미다. 그런데 미국 금리는 이미 적정 수준에 근접하고 있다. 미국의 10년 국채수익률은 장기적으로 명목 국내총생산(GDP) 성장률과 유사한 추이를 보였다. 실제로 1970년에서 2021년까지 연평균 국채수익률은 6.1%로 같은 기간의 명목GDP 성장률인 6.2%와 거의 같았다.

미국 의회의 추정에 따르면 미국의 명목 잠재성장률은 4% 정도다. 국채수익률의 적정 수준이 4% 정도일 것이라는 이야기인데, 실제로 2022년 10월 들어서 4.24%까지 상승했다. 그러나 아직도 실질금리는 큰 폭의 마이너스 상태에 머물고 있다. 실질금리가 플러스로 전환하기 위해서는 물가상승률이 낮아져야 한다. 물가상승률이 4% 이하로 떨어져야 실질금리가 플러스로 돌아설 수 있으니까 말이다.

경기침체로 물가상승률 낮아질 전망

미국의 소비자물가 상승률이 2022년 6월 9.1%를 정점으로 꺾이고 있지만, 10월의 상승률도 7.7%로 떨어지는 속도는 매우 완만하다. 그러나 2023년에는 물가상승률이 상당폭 낮아질 전망인데, 그 이유를 다섯 가지 측면에서 찾아볼 수 있다.

첫째, 수요가 위축되고 있다. 코로나19로 2020년 2분기에는 실제 GDP가 미국 의회가 추정한 잠재 GDP와 견주어볼 때 10.4%나 밑으로 떨어졌다. 그 이후 정책 당국의 과감한 재정 및 통화정책으로 경기가 빠른 속도로 회복되었고, 2021년 4분기 GDP 간의 차이(갭률)는 0.5%를 기록했다. 그러나 2022년 들어 이 갭률은 마이너스로 돌아섰다. 국제통화기금(IMF) 등 주요 기관들은 2023년 미국 경제성장률을 1% 안팎으로 전망하고 있다. 미국의 유명한 투자은행인 뱅크 오브 아메리카(BoA) 등 일부 금융회사들은 미국 경제가 마이너스 성장할 것으로 내다보고 있다. 그렇게 되면 GDP 갭률이 -2% 이상으로 확대된다. 수요 측면에서 물가상승 압력이 사라질 것이라는 얘기다.

둘째, 통화가 적정 수준보다 덜 공급되고 있다. 피셔의 화폐수량설에 따르면 적정 통화증가율은 물가상승률과 실질GDP 성장률의 합에서 유통속도 변화율을 뺀 것과 같다. 연준은 코로나19에 따른 극심한 경기침체를 극복하기 위해서 통화공급을 크게 늘렸다. 2020년 2분기에서 2021년 1분기 사이에는 실제로 광의통화(M2) 증가율이 피셔 방정식에 따른 적정 통화증가율보다 25.7% 포인트나 높았다. 그러나 2022년 1분기에는 광의통화 증가율이 적정 수준보다 낮아졌고, 3분기에는 6.4% 포인트로 마이너스 폭이 더 커졌다. 이러한 통화공급이 소비자물가 상승률에 5분기 정도 선행했다. 연준의 급격한 통화정책의 방향 전환은 물가 상승률을 낮출 것이다.

셋째, 원자재 가격, 특히 유가가 하락하고 있다. 2021년 배럴당

67.9달러(연평균)였던 서부 텍사스산(WTI) 유가가 2022년 6월에는 120 달러를 넘어섰다. 그러나 그 이후 유가가 급락하면서 9월에는 일시적으로 80달러 밑으로 떨어졌다. 2000년 1월에서 2022년 10월까지의 통계로 분석해보면, 유가 상승률은 물가상승률에 1개월 선행(상관계수 0.77)하는 것으로 나타났다. 2023년에도 유가는 하향 안정세를 보일 가능성이 크다. 세계 경제가 침체에 빠질 가능성이 크기 때문이다.

넷째, 금리인상은 시차를 두고 소비와 물가상승률 하락 요인으로 작용했다. 2010년 이후 통계로 분석해보면 금리가 상승했을 때 소비가 감소하는 것으로 나타났고, 그 효과는 1년 후에 가장 컸다. 물가상승률도 금리인상 이후 3개월 후부터 낮아졌으며, 역시 1년 정도 시차를 두고 그 영향이 가장 크게 나타났다. 미 연준은 2022년 3월부터 금리를 급격하게 인상하고 있는데, 그 효과가 2023년 초부터 본격적으로 나타날 것이다.

다섯째, 주가 하락은 이미 물가상승률 둔화를 예고해주었다. 2000년 이후 통계분석에 따르면 S&P500 변동률은 소비자물가 상승률에 8개월 정도 선행했다. 주가가 하락하면 소비 중심으로 경기가 나빠지고 뒤따라 물가 상승률도 낮아진 것이다. 2021년 3월 전년과 비교하면 53.7%나 상승했던 S&P500이 2022년 9월에는 16.8% 하락했다.

이제 남은 문제는 물가상승률이 얼마나 빠르게 둔화하느냐다. 최근(2022년 11월) 블룸버그 컨센서스에 따르면, 미국 소비자물가 상승률은 2023년 1분기에 5.9%로 낮아지고, 4분기에는 3.0%로 떨어진다. 물가에 선행하는 주가가 크게 하락하는 것을 보면 그 속도가 더 빨라질 수도 있다.

연준의 금리인상 사이클 마무리될 전망

연준은 물가를 잡기 위해 2022년 2월 0.00%~0.25%였던 연방기금금리를 11월에는 3.75%~4.00%까지 급격하게 인상했다. 특히 2022년 6월, 7월, 9월, 11월의 연방공개시장위원회(FOMC)에서 4번에 걸쳐 기준금리를 0.75%씩 인상하는 '자이언트 스텝'을 단행했다. 12월 FOMC에서도 금리를 더 올릴 것으로 보이나, 이것으로 이번 금리인상 사이클이 마무리될 가능성이 크다.

각국 중앙은행이 기준금리를 결정할 때 참고하는 지표 가운데 하나가 '테일러 준칙'이다. 이는 적정금리 수준을 측정하는 하나의 방법이기도 하다. 여기에는 두 가지 중요한 경제 변수가 들어가 있다. 하나는 실제 GDP와 잠재 GDP의 차이(GDP 갭률)이다. 한 나라의 실제 GDP가 잠재 수준을 넘어서서 성장하면 그 나라 경제에 인플레이션 압력이 높아진다. 이 시기에 중앙은행은 기준금리를 인상하게 된다. 다른 하나는 실제 물가상승률과 중앙은행이 통화정책 목표로 내세운 물가상승률의 차이다. 물가상승률 목표치는 보통 소비자물가 상승률 기준으로 2%다. 실제 물가상승률이 이를 넘어서면 역시 중앙은행은 금리를 올리게 된다.

미 의회가 추정한 잠재 GDP 기준으로 삼으면, 미국 경제는 2022년 1분기부터 실제 GDP가 잠재 GDP 아래로 떨어졌고, 그 폭이 점차 확대되면서 3분기에는 GDP 갭률이 -0.9%였다. 2023년에는 GDP 갭률이 -2% 이상으로 확대될 전망이다. 실물경제 측면에서 보면 금리를 내려야 한다는 의미다.

문제는 물가인데, 앞서 살펴본 다섯 가지 이유로 2023년에는 물가상승률이 크게 낮아질 수 있다. 아래 그림은 이를 고려하여 미국의 적정금리를 추정해본 것이다. 테일러 준칙에는 실질금리가 들어가는데, 여기서는 1980년~2021년의 장기 평균(근원 개인소비지출물가 (Core PCE) 기준 1.65%)을 사용했다. 이에 따르면 2022년 4분기 적정금리 수준은 높은 물가상승률 때문에 7% 정도로 나온다. 물론 이는 어디까지나 이론상의 적정금리다. 이보다는 방향이 더 중요하다. 과거 통계를 보면 테일러 준칙으로 추정한 적정금리 수준이 낮아질 때, 연준은 금리인상을 중단했거나 내렸다. 2022년 2분기부터 적정 금리 수준은 낮아지고 있다. 빠르면 2022년 4분기에 연준의 금리인 상 사이클이 마무리될 전망이다.

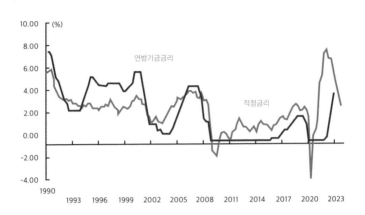

이론상 적정금리와 실제 적정금리의 차이

주: 1) 실질금리는 1980년~2021년 평균
2) 2022년 4분기~2023년 4분기는 블룸버그 전망치 근거로 추정

달러 가치 상승세도 꺾일 전망

2022년 10월 주요 선진국 통화에 대한 달러지수가 113까지 상승 하면서 2002년 4월 이후 최고치를 기록했다. 특히 달러 가치는 2022 년 들어 10월까지 18% 정도 급등했다. 달러 가치가 이처럼 상승한 이유는 연준의 급격한 금리인상에 있다. 돈이라는 것에는 눈이 달려

있어 자연스럽게 금리가 높은 데로 이동한다. 러시아와 우크라이나 전쟁에 따른 안전자산 선호 현상도 달러 가치 상승 요인으로 작용했다. 글로벌 경제나 금융시장이 불안할 때는 세계 자금이 온통 달러로 몰린다.

그렇다고는 해도 달러 가치의 최근 상승세는 지나치다. 국제결제은행(BIS)이 매월 발표하는 주요국의 실질실효환율에 따르면 달러 가치는 2022년 10월 기준 32%나 과대평가되었다. BIS가 이 지표를 작성해서 발표하기 시작한 2000년 이후 최고치다. 미국의 물가상승률이 낮아지면 연준이 금리를 인상을 멈추고, 그때 가서는 과대평가된 달러 가치가 제자리를 찾아가는 과정에서 하락할 가능성이 크다.

미국의 물가상승률 둔화로 금리도 낮아지고 달러 가치도 하락하면서 '3고'가 마무리될 것이다. 그러나 물가상승률 하락은 수요의 위축에 따른 경기침체를 동반할 것이다.

그래서 2023년 글로벌 경제의 화두는 인플레이션보다는 경기침체일 것이다.

2022. 12

김영익

02 · 확실한 경기 전망으로 기회를 잡아라

1부

3고의 원인과
해소 방향

Big Wave

강세장은 비관적 분위기에서 태어나 의심과 함께 성장하고
낙관 속에서 무르익은 뒤 풍요에 취했을 때 끝난다.

- 존 템플턴(John Templeton) -

1

인플레이션은
언제까지?

인플레이션이란 물가가 지속적으로 상승하는 현상을 의미한다.
미국 경제가 세계 경제를 선도하기 때문에, 미국을 중심으로 한 인

미국의 소비자물가 상승률과 금리 추이

자료: Federal Economic Data

플레이션의 역사를 한번 살펴보자. 아래 그림은 1950년대 이후 지금까지 미국의 소비자물가 상승률 추이를 보여준다. 크게 보면 1970년~1980년은 인플레이션 시대였고, 1980년~2020년은 그 반대인 디스인플레이션 시대였다.

1차 오일 쇼크와 물가 급등

1960년대 1%~2%대에서 안정되었던 미국 소비자물가 상승률이 1970년대로 들어가면서 점차 높아지기 시작했다. 특히 1974년에는 물가상승률이 10%를 넘어섰다. 물가가 이처럼 오르게 된 주요한 원인은 1973년 10월 6일부터 시작된 중동전쟁이 석유 전쟁으로 확산하면서 유가가 급등한 데 있었다.

중동전쟁 이전의 국제 유가는 배럴당 3달러~4달러였다. 그러나 중동전쟁이 시작되면서 이집트와 사우디아라비아를 포함한 석유수출국기구(OPEC)가 원유 생산을 줄이고 가격을 인상했다. 그 결과, 1974년부터는 국제 유가가 배럴당 10달러를 넘어섰다. 그리고 이러한 유가 상승은 곧바로 물가상승을 초래했다. 물가가 상승하자 연준은 5%대였던 연방기금금리를 10%대로 올렸다. 이 같은 급격한 금리인상에 따라 1974년과 1975년의 미국 경제는 침체에 빠졌다. 1974년

에 이미 실질 국내총생산(GDP)이 0.5% 감소했고, 이듬해인 1975년에
도 0.2% 줄었다.

이후 금리인상에 따른 경기침체로 1975년 하반기부터는 물가상
승률이 점차 낮아지기 시작했고, 1976년 12월에는 소비자물가 상승
률이 절반 수준인 4.9%까지 낮아졌다. 참고로 당시 우리나라의 상
황은 어땠을까? 한국의 소비자물가 상승률은 1974년부터 20%를 넘
어섰고, 특히 1975년 10월에는 전년 같은 달에 비해 30.5%나 상승
했다.

2차 오일 쇼크와 사상 최고의 물가

미국의 소비자물가 상승률은 1979년에 다시 10%를 넘어선다. 이
어 1980년 3월에는 물가상승률이 14.8%까지 오르면서 2022년 현재
까지도 볼 수 없는 인플레이션을 겪었다. 이 기간 물가를 끌어올린
주범도 역시 유가 상승이었다.

특히 1979년 이란의 이슬람혁명은 2차 오일 쇼크를 일으킨 주요
원인이었다. 당시 이란에서는 팔레비 왕조가 무너지고 이슬람주의
에 입각한 공화국 신정부가 들어섰다. 그리고 이 혁명 이후 이란의

원유 생산량은 크게 감소했다. 실제로 하루 600만 배럴 정도에 이르렀던 이란의 원유 생산량은 혁명에 따른 파업으로 200만 배럴까지 줄었다. 그 영향으로 국제 유가는 1978년 말의 15달러에서 1980년 4월에는 40달러까지 3배 가까이 급등했다.

이 같은 유가 상승으로 물가가 급등하자 연준은 급격한 금리인상으로 대응했다. 당시 폴 볼커(Paul Volcker) 연준 의장은 '인플레이션 파이터(inflation fighter)' 역할을 자처했다. 그리고는 취임 2개월만인 1978년 10월, 긴급 연방공개시장위원회(FOMC)를 통해 단번에 연방기금금리를 4% 포인트 올리는(11.5% → 15.5%) 초강수를 단행했다. 그는 이후에도 금리를 계속 인상했으며, 급기야 1981년 1월에는 연방기금금리가 19%에 이르렀다.

이러한 급격한 금리인상 덕분에 물가를 진정시킬 수는 있었다. 1983년에 이르러 소비자물가 상승률이 2%대까지 떨어졌으니 말이다. 그러나 경제는 심각한 침체에 빠졌다. 가령 1982년 미국의 경제성장률은 -1.8%였다. 금리인상에 따른 이런 경기침체로 가계와 기업은 심각한 고통을 겪었다. 1981년 빚더미에 앉게 된 미국 농민들이 대거 트랙터를 몰고 워싱턴으로 상경했을 정도였다. 이들은 도심 한복판을 행진하고 연준 건물을 봉쇄하며 볼커의 퇴진을 요구했다. 또한 사상 초유의 고금리 직격탄을 맞고 소속 회사가 문을 닫자 앙

심을 품은 한 남자는 연준 건물에 무기를 들고 난입하는 소동을 벌이기까지 했다. 키가 2m가 넘는 거구의 볼커는 재직 중에 권총을 몸에 지니고 다녀야 할 정도로 온갖 시위와 살해 위협에 시달렸다고 한다.

참고로 우리나라도 2차 오일 쇼크 당시 가파른 물가상승에 시달렸다. 특히 1980년 10월에는 32.5%라는 전무후무한 소비자물가 상승률을 기록하기도 했다.

대안정의 시대

1985년에서 1995년까지 미국의 소비자물가 상승률은 연평균 3.6%에서 안정되었으며, 이러한 물가 안정세는 1996년 이후에도 오랫동안 이어졌다. 특히 1996년에서 2020년 까지는 소비자물가 상승률이 연평균 2.2%에 그쳤을 정도였다.

이 기간에는 어째서 이처럼 물가가 안정을 찾을 수 있었을까? 그 이유는 우선 공급 측면의 생산성 향상에서 찾을 수 있다. 1990년대 중반 이후 미국에서는 정보통신혁명이 있었다. 이 영향으로 국민경제 전반에 걸쳐 생산성이 크게 향상되었다. 예를 들어 미국의 노동

생산성은 1980년에서 1995년까지 연평균 1.5% 증가에 그쳤다. 그러나 1996년에서 2020년 사이에는 생산성 증가율이 2.1%로 높아졌다. 특히 정보통신혁명이 크게 확산했던 1996년~2000년 동안 연평균 노동생산성 증가율은 2.9%로 이전에 비해서 거의 2배 정도 향상되었다.

생산성이 개선되었다는 것은 동일한 상품을 같은 가격에서 더 많이 생산할 수 있다는 의미다. 경제원론 측면에서 설명하면 한 나라의 총공급 곡선이 우측으로 이동하게 된다. 이 경우 경제성장률은 높아지지만, 물가상승률은 오히려 낮아지게 된다. 1996년~2000년 미국의 연평균 경제성장률은 4.3%로 그 이전(1980년~1995년)의 3.1% 보다 훨씬 높아졌는데, 연평균 소비자물가 상승률은 2.5%에서 안정되었다. 당시 일부 경제전문가들이 미국 경제를 '신경제(New Economy)' 혹은 '골디락스(Goldilocks)' 경제라 부르며 극찬할 정도였다.

2000년대에 들어서는 중국이 미국의 물가 안정에 크게 기여했다. 2001년 중국은 세계무역기구(WTO)에 가입하면서 세계 경제에 본격적으로 편입되었다. 그 이후 중국은 저임금을 바탕으로 상품을 저렴하게 생산해서 미국을 비롯한 전 세계에 공급했다. 미국 월마트에 진열된 상품의 절반 이상이 중국산이라는 말이 나올 정도였고, 《메이드 인 차이나 없이 살아보기》 같은 책이 세간의 관심을 끈 것도 이즈음이었다. 실제로 2001년에서 2021년 사이 미국의 대중 누적 무역수지 적자는 5조8,371억 달러에 이르렀다. 그만큼 중국이 미국 소비자들에게 상품을 싸게 공급한 것이다.

한편 중국은 미국 내 금리 안정을 통해 미국 주가와 집값이 오르는 현상에도 일부 기여했다. 중국은 미국과의 무역에서 벌어 들인 돈으로 다량의 미 국채를 매수했다. 2013년 말에는 중국의 미국 국채 보유액이 1조2,700억 달러로 외국인 보유 금액 가운데 21.9%를 차지할 정도였다. (이 비중 측면에서 중국은 2009년 말에 26.1%로 사상 최고치를 기록했다. 그러다가 2022년 8월에는 중국의 미 국채 보유액이 9,336억 달러로 축소되었고, 비중도 12.8%로 대폭 낮아졌다.)

중국의 이러한 미 국채 매수 증가는 미국의 금리 안정에 상당히 기여한 것으로 판단된다. 다만, 금리가 낮게 유지되면서 미국 내 주가와 집값 상승을 초래한 측면도 있다.

코로나19, 물가상승의 서막

2021년 3월까지 2% 안팎에서 안정되었던 미국의 소비자물가 상승률은 그 이후 상승세로 돌아선다. 그리하여 2022년 6월에는 물가

상승률이 9.1%를 찍으면서 1981년 11월의 9.6% 이후 40년 4개월 만에 최고치를 기록했다. 미국 물가가 이처럼 상승한 것은 다음과 같은 몇 가지 요인에 기인하였다.

첫째, 미국 정부의 과감한 재정정책에 따른 수요의 급격한 회복이다. 2020년 코로나19로 미국 경제가 2.8%나 마이너스 성장하는 등 급격한 침체에 빠졌다. 특히 2020년 2분기에는 실제 GDP와 잠재 GDP의 차이로 표시되는 GDP 갭률(Output Gap)이 -10.4%까지 떨어졌다. 실제 GDP가 잠재 GDP 수준을 그만큼 밑돌았다는 얘기다.

이를 극복하기 위해서 미국 정부는 과감한 재정정책으로 대응했다. 2020년에 4차례에 걸쳐 3조6,000억 달러의 경기부양책을 내놓았는데, 이는 GDP의 약 17%에 해당하는 규모였다. 이어서 2021년 3월에도 ARP(American Rescue Plan)라는 이름으로 1조9,000억 달러 규모의 추가 경기부양책을 시행했다. 고소득층을 제외한 전 국민에게 1인당 1,400달러를 주었을 뿐 아니라, 주당 400달러의 실업 급여도 제공했다. 또한 주 정부 및 지방정부에 3,900억 달러를 지원하기도 했다.

이런 재정정책이 다음에 설명하게 될 통화정책과 더불어 소비를 크게 늘렸다. 소비는 미국 GDP의 70%를 차지하고 있다. 이처럼 의미가 깊은 소비가 증가하면서 2021년 4분기에는 GDP 갭률이 플러스로 전환(0.5%)할 만큼 미국 경제가 빠른 속도로 회복되었다.

둘째, 연준의 통화정책도 전례가 없을 정도로 과감했다. 코로나 19로 경기가 급격한 침체에 빠지는 조짐이 나타나자, 연준은 이에 대응해 2020년 3월에만도 긴급 연방공개시장위원회를 2번이나 개최하면서 1.50%~1.75%였던 연방기금금리 목표를 0.00%~0.25%로 인하했다.

또한 연준의 자산이 2020년 2월 말 4조1,586억 달러에서 6월 말 7조823억 달러, 그러니까 약 3조 달러나 늘어날 정도로 큰 폭의 양적 완화를 단행했다. 연준이 적정 수준을 훨씬 넘는 통화공급을 한 것이다. M=통화량, V=유통속도, P=물가, T=거래량이라고 했을 때 'MV=PT'라고 하는 피셔(Irving Fisher)의 화폐수량설에 따르면, '적정 통화증가율=물가상승률+실질GDP 성장률-유통속도 변화율'이다. 2020년 1분기에서 2021년 1분기 사이에는 M2 증가율이 피셔의 화폐수량설에 기초한 적정 통화증가율보다 25.7% 포인트나 더 높았다. 그리고 이처럼 과다한 통화공급이 물가상승을 초래했다는 것이 통화론자들의 주장이다. 2008년 1분기부터 2022년 2분기까지를 분석해보면, 적정 수준 이상의 통화공급이 5분기 정도 시차(상관계수 0.60)를 두고 소비자물가 상승률에 영향을 주었던 것으로 분석된다.

셋째, 국제 원자재 특히 국제 유가가 물가를 상승시키는 요인으로 작용했다. 2020년 서부텍사스산 원유(WTI; West Texas Intermediate) 가격이 연평균 39.5달러였다. 그러나 2021년에는 세계 경제의 회복으로 수요가 늘면서 연평균 67.9달러로 전년에 비해 72.1%나 상승했다. 이런 유가 상승세는 2022년 들어 한층 더 빨라졌다. 특히 2022년 2월 러시아가 우크라이나를 침공한 이후 서부텍사스산 원유는 100달러를 넘어섰고, 그해 6월에는 120달러까지 급등하기도 했다. 적극적 재정 및 통화정책으로 총수요 곡선이 오른쪽으로 이동하면서 물가가 상승했는데, 이런 상황에서 유가 상승은 총공급 곡선을 좌측으로 이동시키면서 물가상승률을 더 높게 만들었다.

넷째, 세계의 공장인 중국도 더 이상 미국 소비자들에게 상품을 싸게 공급할 수 없는 상황이 되고 있다. 중국은 2001년에 세계무역기구(WTO)에 가입한 이후 저임금을 바탕으로 전 세계에 상품을 공급해왔다. 심지어 '월마트에 진열된 상품의 절반 이상이 중국산'이라는 말이 나올 정도로 중국은 미국에 상품을 싸게 공급해주었다. 실제로 2001년에서 2021년까지의 22년 동안 중국의 대미 무역흑자가 5조8,400억 달러에 이를 정도였다.

인플레이션의 전망과 이유

앞에서 우리는 미국 물가상승률이 거의 40년 만에 최고치를 기록한 여러 가지 이유를 살펴보았다. 그렇다면, 앞으로는 어떻게 될 것인가? 아래 그림은 미국의 소비자물가 상승률이다. 2022년 6월 9.1%를 정점으로 물가상승률이 꺾이고 있음을 볼 수 있다. 그러나 10월의 물가상승률은 7.7%로 떨어지는 속도가 매우 완만하다. 유류 가격 등 탄력적 물가는 상승률이 크게 낮아지고 있지만, 공공요금과 일부 서비스 요금 등을 포함한 경직성이 높은 물가는 아직도 상승 추세를 유지하고 있어서 그럴 것이다.

1968년 이후 장기 데이터로 통계분석을 해보면 소비자물가 상승률과 경직 물가상승률은 동행하고 있다. 이들 두 변수 사이의 상관계수도 0.85로 매우 높았다. 그러나 경직 물가는 소비자물가에 3개월가량 후행(상관계수 0.93)했다. 소비자물가 상승률이 낮아지면 3개월 정도 시차를 두고 경직 물가상승률도 낮아졌다는 의미다.

높은 물가상승을 초래했던 요인들이 변하고 있기 때문에, 2023년 이후에는 물가상승률이 낮아질 가능성이 크다. 이 책 머리에서 간략하게 살펴보았지만, 그 이유를 좀 자세히 보기로 하자.

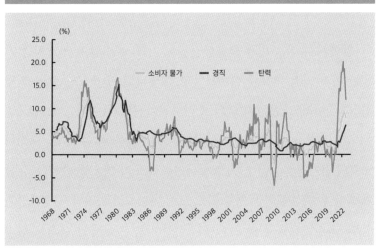

자료: Federal Economic Data

첫째, 무엇보다 수요가 위축되고 있다. 2020년 2분기에는 코로나 19로 인해 실제 국내총생산이 미국 의회가 추정한 잠재 GDP에 비해 10.4%나 밑으로 떨어졌다. 그 이후 정책 당국의 과감한 재정 및 통화정책으로 경기가 빠른 속도로 회복되었고, 2021년 4분기에는 GDP 갭률이 0.5%였다. 그러나 2022년 들어 GDP 갭률은 다시 마이너스로 돌아섰다.

국제통화기금(IMF) 등 주요 국제기구들은 2023년 미국 경제성장률을 1% 안팎으로 전망하고 있다. 미국의 유명한 투자은행인 뱅크오브 아메리카 등 일부 금융회사들은 좀 더 비관적이어서, 미국 경

제가 마이너스 성장할 것으로 내다보고 있다. 그렇게 되면 GDP 갭
률은 -2% 넘게 마이너스 영역으로 확대된다. 수요 측면에서 물가상
승 압력이 사라질 것이라는 이야기다.

자료: 미 의회, 노동부

둘째, 통화가 적정 수준보다 덜 공급되고 있다. 앞서 말한 것처
럼, 피셔의 화폐수량설에 따르면 적정 통화증가율은 물가상승률과
실질GDP 성장률의 합에서 유통속도 변화율을 뺀 것과 같다. 미 연
준은 코로나19에 따른 극심한 경기침체를 극복하기 위해서 통화공
급을 크게 늘렸다. 2020년 2분기에서 2021년 1분기 사이에는 실제
M2 증가율이 피셔 방정식에 따른 적정 통화증가율보다 25.7% 포인

트나 높았다. 그러나 2022년 1분기에는 M2 증가율이 적정 수준보다 낮아졌고 3분기에는 -6.4% 포인트로 마이너스 폭이 더 커졌다. 이러한 통화공급이 소비자물가 상승률에 5분기 정도 선행했다. 연준의 급격한 통화정책의 방향 전환은 물가 상승률을 낮출 것이다.

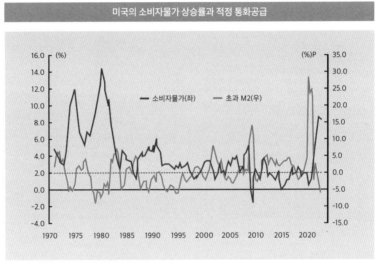

미국의 소비자물가 상승률과 적정 통화공급

주: 초과 M2 증가율 = M2 증가율-(소비자물가 상승률+실질GDP 성장률)
자료: Federal Reserve Economic Data

셋째, 원자재 가격, 특히 유가가 하락하고 있다. 2021년 배럴당 연평균 67.9달러였던 서부텍사스산 원유 가격이 2022년 6월에는 120달러를 넘어섰다. 그러나 그 이후 유가가 급락하면서 9월에는 일시적으로 80달러 밑으로까지 떨어졌다. 또 2000년 1월에서 2022년 9월까지의 통계를 분석해보면, 유가상승률이 물가상승률에 1개월 선행(상관계수 0.77)하는 것으로 나타났다. 2023년에도 유가는 하향 안정세를 보일 가능성이 크다. 세계 경제가 침체에 빠질 확률이 높기 때문이다.

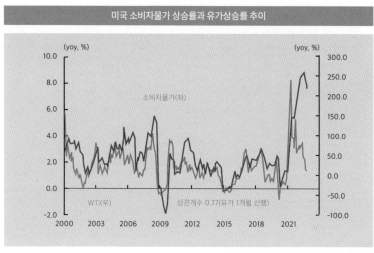

자료: Bloomberg, 미 노동부

넷째, 금리인상은 시차를 두고 소비와 물가상승률을 끌어내리는 요인으로 작용했다. 2010년 이후의 통계를 곰곰이 들여다보면 금리가 상승했을 때 소비가 감소하는 것으로 나타났고, 그 효과는 1년 후에 가장 컸다. 물가상승률도 금리가 인상된 지 3개월 후부터 낮아졌으며, 역시 1년 정도 시차를 두고 그 영향이 가장 크게 나타났다. 2022년 3월부터 연준이 금리를 급격하게 올려왔기 때문에, 그 효과는 2023년 초부터 본격적으로 나타날 것이다.

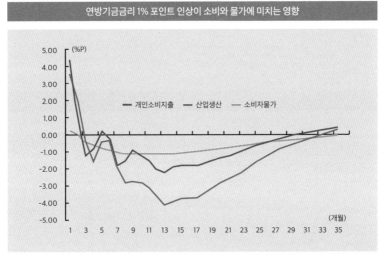

연방기금금리 1% 포인트 인상이 소비와 물가에 미치는 영향

주: 1) 4변수 VAR모형(연방기금금리, 개인소비지출, 산업생산, 소비자물가)
2) 분석 기간: 2010년 1월~2022년 9월, 적정 시차는 6

　다섯째, 주가 하락은 이미 물가상승률 둔화를 예고해주었다. 2000년 이후 통계분석에 따르면 S&P500 지수 변동률은 소비자물가 상승률에 8개월 정도 선행하는 것으로 나타났다. 주가가 하락하면 소비 중심으로 경기가 나빠지고 뒤따라 물가 상승률도 낮아진 것이다. 2021년 3월 전년 동월 대비 53.7%나 상승했던 S&P500 지수가 2022년 9월에는 16.8% 하락했다.

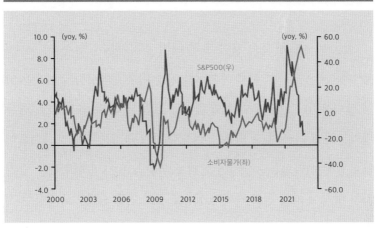

미국 소비자물가 상승률과 주가 상승률 추이

자료: Bloomberg, 미 노동부

이제 남은 문제는 물가상승률 둔화 속도다. 2022년 11월 블룸버그 컨센서스에 따르면 미 연준이 통화정책을 운용할 때 가장 중요하게 보는 근원 소비지출 물가상승률은 2023년 1분기에 5.6%로 낮아지고, 4분기에는 2.6%로 떨어진다. 물가에 선행하는 주가가 크게 하락하는 것을 보면 그 속도가 더 빨라질 수도 있다.

분기별 미국의 경제성장률과 물가상승률 전망

(단위: %)

	2022.1Q	2022.2Q	2022.3Q	2022.4Q	2023.1Q	2023.2Q	2023.3Q	2023.4Q
GDP성장률(yoy)	3.7	1.8	1.5	0.0	0.4	0.5	0.2	0.4
근원 PCE(yoy)	6.4	6.6	6.3	5.6	4.6	3.4	2.9	2.6

자료: Bloomberg(2022.11.1)

1부 : 3고의 원인과 해소 방향

2023년, 우리의 미래는?

2022년 6월 한국의 전년 동월 대비 소비자물가 상승률도 6.3%로 1998년 11월(6.8%) 이후 최고치를 기록했다. 물가상승의 이유는 앞서 살펴본 미국의 경우와 거의 같다고 보면 된다. 하지만 2023년에는 경기둔화에 따른 수요 위축과 원자재 가격 안정으로 물가상승률이 낮아질 것이다. 다음 장에서 살펴보겠지만, 2023년 이후에는 달러 가치 하락에 따른 원화 가치의 상승도 물가 안정 요인으로 작용할 것이다.

분기별 한국의 경제성장률과 물가상승률 전망

(단위: %)

	2022.4Q	2023.1Q	2023.2Q	2023.3Q	2023.4Q
GDP성장률(yoy)	1.7	1.7	1.4	2.0	2.3
소비자물가(yoy)	5.5	4.8	3.1	2.4	2.0

자료: Bloomberg(2022.11.1)

● **인플레이션과 자산 가격**

앞서 미국을 중심으로 인플레이션의 원인을 진단하고 전망해보 았다. 그런데 인플레이션은 어떻게 측정되고, 인플레이션과 자산 가 치는 어떤 관계일까?

● **인플레이션 측정지표, 소비자물가지수**

인플레이션(inflation)이란 물가가 지속적으로 상승하는 경제 현 상이다. 반대로 물가가 지속적으로 하락하는 현상을 디플레이션 (deflation)이라 부른다. 이 둘 사이에 디스인플레이션(disinflation)이 있는 데, 이는 물가가 완만하게 오를 때 사용하는 단어다. 이 외에 물가에 관련된 용어로 스태그플레이션(stagflation)이라는 표현도 있다. 원자재 가격 상승 등으로 물가상승률은 높아지는데 경제성장률은 거꾸로 하락할 때, 스태그플레이션이 왔다고 한다.

물가가 얼마나 올랐는지를 보여주기 위해 각국 정책 당국은 여러 가지 물가지수를 작성한다. 대표적인 물가지수로는 생산자물가지수, 소비자물가지수, GDP 디플레이터 등을 들 수 있다. 이 중에서 소비자물가지수가 가장 중요하다. 소비자물가지수는 소비자가 구매하는 상품과 서비스의 가격 변동을 측정하기 위한 지표로서, 국민의 일상생활에 직접 영향을 주는 가장 중요한 경제지표이기 때문이다.

우리나라의 경우, 한국은행의 통화정책 운용도 물가 안정을 그 목표로 내세우고 있다. 한국은행은 「한국은행법」 제6조 제1항에 의거, 정부와 협의하여 물가 안정목표를 설정하고 있는데, 2019년 이후 전년 동기 대비 소비자물가 상승률 2%를 물가 안정목표로 삼고 있다. 한국은행은 중기적 시계에서 소비자물가 상승률이 물가 안정목표에 근접하도록 통화신용정책을 운영하며, 소비자물가 상승률이 목표 수준을 계속적으로 웃돌거나 밑도는 위험을 균형 있게 고려한다.

● 소비자물가지수는 특정 기간의 '생활비'를 가늠하는 척도

소비자물가지수(CPI)는 특정 시점에 동일한 재화와 서비스 묶음의 구입 비용을 상대적으로 측정한 것이다. 아래 표로 쉽게 설명해보자. A라는 사람이 2015년에 2개의 방이 있는 아파트에 거주하면서 월세를 100만 원 지급했다. 그 밖에도 이 사람은 식비로 매월 48만 원, 영화 보는 데 6만 원, 옷 사는 데 10만 원을 썼다고 가정해보자(매우 단순한 가정이다). 이를 합하면 A는 매월 164만 원을 지출했다.

그런데 2020년에 모든 가격이 올랐다. 예를 들어 2015년에 100만 원이었던 한 달 월세가 2020년에 130만 원으로 상승했다고 가정해보자. 이 외에도 밥값, 영화 티킷, 스웨터 가격이 아래 표에서 보는 것처럼 올랐다고 해보자. 그러면 2015년과 똑 같은 양의 소비를 하는데도, 지출금액은 2020년의 211만 원으로 증가했다. 그러니까, 지출액이 164만 원에서 211만 원으로 29% 상승한 것이다. 이럴 때, 소비자물가지수가 29% 상승했다고 표현한다. 소비자물가지수는 같은 양의 재화와 서비스를 소비하는 데 지출이 얼마나 늘었는가를 나타내주는 지표다.

소비자물가지수 작성 예시	
2015년 지출	2015년의 월 지출액
월세(방 2개 아파트)	1,000,000원
비빔밥(60그릇, 각 8,000원)	480,000원
영화티켓(10장 각 6,000원)	60,000원
스웨터(4벌, 각 25,000원)	100,000원
총 지출액	1,640,000원

2020년 지출	2020년의 월 지출액
월세(방 2개 아파트)	1,300,000원
비빔밥(60그릇, 각 10,000원)	600,000원
영화티켓(10장 각 9,000원)	90,000원
스웨터(4벌, 각 30,000원)	120,000원
총 지출액	2,110,000원

CPI = 2,110,000 / 1,640,000 = 1.29

우리나라에서는 통계청이 매월 초 소비자물가지수를 발표한다. 아래 그림은 2022년 10월 통계청에서 발표한 소비자물가 동향을 요약한 것이다.

2022년 10월 소비자물가 동향

자료: 통계청

통계청은 현재 서울, 부산, 대구, 광주 등 40개 지역에서 456개의 상품 및 서비스 품목을 대상으로 소비자물가지수를 작성하고 있다. 앞의 단순한 예시에서는 4가지 품목만을 포함했지만, 실제 소비자물가지수를 작성할 때 대상 품목은 456개에 이른다. 아래 표는 2022년 10월 기준 지출목적별 품목 수와 가중치뿐만 아니라 등락률 및 기여도 등을 보여주고 있다.

통계청의 물가지수 발표 자료 마지막 부분에는 물자지수를 어떻게 작성했는지, 구체적으로 설명하고 있다. 그 주요 내용을 요약하면 다음과 같다.

우선, 항목별 월평균 소비지출액이 전체 월평균 소비지출액의 1/10,000 이상인 항목으로서, 그 항목에 해당하는 상품군의 가격 흐름을 대표할 수 있고, 시장에서 가격조사를 계속해서 수행할 수 있는 상품을 대상 품목으로 선정한다.

그러면 가중치는 어떻게 결정하는 것일까? 소비자물가 조사대상 대표품목의 가격변동을 종합할 때 그 단순 평균치만을 구하면, 소비생활에 미치는 영향이 품목마다 서로 다르다는 점을 반영할 수 없다. 예를 들어 쌀가격이 10% 상승했을 때와 전기료가 10% 상승했을 때 가계의 소비생활에 미치는 영향은 같지 않을 것이다. 이러한 점을 반영하기 위해, 각 품목이 가구의 소비지출에서 차지하는 비중을 가중치로 하여 가중평균함으로써, 소비자물가지수에 소비지출 규모와 비례하는 영향을 주도록 하고 있다. 품목별 가중치는 가계동향조사의 소비지출 항목을 기초로 각 품목의 매출액, 생산액 및 행정자료 등을 통해 산출한다.

소비자물가 대상 품목과 가중치는 보통 5년마다 바뀐다. 시간이

지출목적별 등락률 및 기여도

(2020=100, %, %p)

지출목적별 부문	품목수	가중치	지수	등락률		기여도	
				전월비	전년동월비	전월비	전년동월비
〈총지수〉	458	1,000.0	109.21	0.3	5.7	0.26	5.67
식료품 및 비주류음료	140	154.5	114.77	-1.3	7.5	-0.22	1.20
주류 및 담배	2	16.5	103.08	0.1	2.4	0.00	0.04
의류 및 신발	25	48.6	103.93	0.2	3.4	0.01	0.16
주택, 수도, 전기 및 연료	15	171.6	110.71	2.0	7.6	0.35	1.30
가정용품 및 가사서비스	50	53.9	108.04	0.5	4.6	0.03	0.25
보건	34	87.2	101.09	0.5	1.5	0.04	0.12
교통	33	106.0	115.18	-0.5	5.4	-0.06	0.60
통신	6	48.4	100.68	0.4	2.3	0.02	0.11
오락 및 문화	47	57.5	104.10	0.1	3.4	0.00	0.19
교육	20	70.3	102.59	0.0	1.5	0.00	0.11
음식 및 숙박	44	131.3	112.98	0.3	8.8	0.05	1.16
기타상품 및 서비스	37	54.2	110.19	0.5	7.8	0.03	0.42

자료: 통계청

흐름에 따라 가계의 소비 형태가 달라지고 지출 내용도 변하기 때문이다.

통계청은 소비자물가지수 외에도 물가와 관련된 다양한 지수를 작성하여 발표한다. 그 가운데 주요 지수를 요약하면 다음과 같다. 이것도 통계청의 보도자료를 그대로 인용한 것이다.

■ 농산물 및 석유류 제외지수 : 계절적인 요인이나 일시적인 충격에 의한 물가 변동분을 제외하고 장기적인 추세를 파악하기 위해, 곡물 외의 농산물과 석유류 품목을 제외한 401개 품목으로 작성한 지수

■ 식료품 및 에너지 제외지수 : 농산물과 석유류 외에도 축산물, 수산물, 가공식품, 전기, 지역 난방비 등의 품목을 제외한 309개 품목으로 작성한 지수

■ 생활물가지수 : 체감물가를 설명하기 위해 구매 빈도가 높고 지출 비중이 높아 가격변동을 민감하게 느끼는 144개 품목으로 작성한 지수

■ 신선식품지수 : 신선 어류, 조개류, 채소, 과실 등 기상조건이나

계절에 따라 가격이 크게 변동하는 55개 품목으로 작성한 지수

　■ 지출목적별 분류지수 : 소비지출의 목적에 따라 분류하여 작성한 지수(12개 대분류)

　■ 품목 성질별 지수 : 농·축수산물, 공업제품 등 품목의 성질에 따라 구분하여 작성한 지수

　■ 자가주거비 포함지수 : 자가주거비를 소비자물가지수에 포함한 지수

　이러한 여러 가지 지수 중에서도 농산물 및 석유류 제외지수는 특히 중요하다. 소비자물가지수에서 이를 제외한 것은 농산물이나 석유류의 가격 변동 폭이 다른 상품이나 서비스에 비해서 유달리 크기 때문이다. 이런 상품들은 공급이 가격에 대하여 비탄력적이기 때문에 수요 변동에 따라 가격이 오르내리는 폭이 크다. 이를 쉽게 이해할 수 있는 예를 들어보자. 계란의 수요가 늘어서 가격이 크게 올랐다고 가정해보자. 계란 공급을 늘리면 가격이 하락한다. 그러나 계란 공급을 늘리기 위해서는 부화하는 시간이 필요하고 암탉이 되기까지 성장하는 시간도 필요하다. 이처럼 수요가 늘어도 당장 공급을 늘릴 수 없기 때문에, 예기치 못하게 수요가 폭등할 때 이런 상품

의 가격은 급등하는 것이다.

　위의 여러 가지 지수 가운데 농산물 및 석유류 제외지수를 흔히 '근원물가지수'라 한다. 아래 그림은 우리나라 소비자물가와 근원물가의 상승률 추이를 보여준다. 여기서 근원물가가 상대적으로 더 변동성이 작다는 것을 알 수 있다. 각국 중앙은행도 통화정책을 운용할 때 근원물가를 더 중시한다.

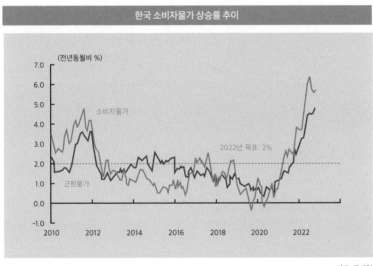

한국 소비자물가 상승률 추이

자료: 통계청

● 인플레이션은 왜 생길까?

인플레이션의 원인은 무엇보다 수요와 공급 측면에서 찾아볼 수 있다. 우선 수요견인형 인플레이션(demand-pull inflation)부터 살펴보자. 아래 그림에서 보는 것처럼 한 나라 경제의 총수요 곡선이 우측으로 이동할 때, 즉, 수요가 커질 때 물가가 오르게 된다.

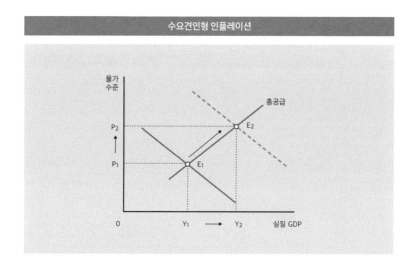

그렇다면, 총수요 곡선을 우측으로 이동시키는 요인은 무엇인가? 지출 측면에서 국내총생산을 구성하는 요소는 소비(C), 투자(I), 정부지출(G), 그리고 수출과 수입의 차이(X-M)다. 우리가 흔히 볼 수 있는 'Y=C+I+G+X-M'이라는 항등식이다. 금리가 낮아지면 소비와

투자가 늘면서 총수요 곡선이 우측으로 이동한다. 정부가 지출을 늘리거나 수출이 늘어나는 경우에도 역시 수요 곡선이 오른쪽으로 이동하면서 물가가 상승한다.

이와는 달리 공급 측면에도 인플레이션이 발생할 수 있다. 비용상승형 인플레이션(cost-push inflation)이다. 이 경우는 한 나라 경제의 총공급 곡선이 좌측으로 이동할 때 발생한다. 예를 들면 원자재 가격, 임금, 유통비용, 부동산 임차료 등이 상승하면 공급 곡선이 좌측으로 이동하면서, 즉, 공급에 필요한 비용이 커지면서 물가가 오른다.

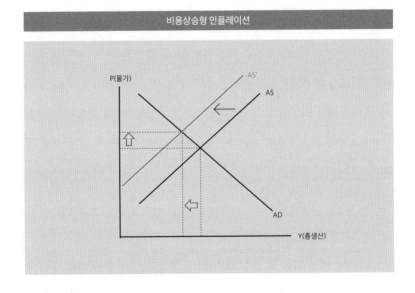

비용상승형 인플레이션

● 비용상승형 인플레이션일 경우 정책 수단의 한계

인플레이션이 수요견인형이냐 비용상승형이냐에 따라서 경제에 미치는 영향에는 매우 중요한 차이가 있다. 수요견인형 인플레이션이 발생할 때는 물가와 경제성장률이 동반 상승한다. 그러나 비용상승형 인플레이션일 경우는 물가만 상승할 뿐, 경제성장률은 떨어진다. 이럴 때 스태그플레이션 현상이 발생할 수 있다.

따라서 물가를 잡기 위한 정책 수단이나 효과도 다르다. 수요견인형 인플레이션이 발생한 경우엔 재정정책이나 통화정책을 긴축적으로 운용하면 된다. 정부가 지출을 줄이고 세금을 더 걷으면 총수요 곡선이 다시 좌측으로 이동하게 되지 않겠는가. 또 중앙은행이 금리를 인상하는 등 통화정책을 긴축적으로 운용해도, 소비와 투자는 줄어들어 역시 수요 곡선이 좌측으로 이동하면서 물가상승률이 낮아진다. 또한, 금리를 올리면 그 나라 통화가치가 상승하면서 수출이 줄어드는 효과가 생기고, 따라서 수요 곡선이 좌측으로 이동한다.

그러나 비용상승형 인플레이션이 발생할 경우는 좀 다르다. 중앙은행은 물가상승률이나 경제성장률 둘 중 하나를 희생해야 한다. 물가를 내리기 위해서 중앙은행이 금리를 인상하면 소비, 투자, 수출이 줄어들면서 총수요 곡선이 좌측으로 이동한다. 이 경우 물가상승률은 낮아지지만, 이미 떨어진 경제성장률은 더 하락하고 심지어 경제가 침체에 빠질 수도 있다. 반면에 낮아진 경제성장률을 올리기 위해서 통화정책을 팽창적으로 운용하면 물가상승률은 훨씬 더 높아진다.

2022년 미국을 비롯한 세계 주요국 경제는 비용상승형 인플레이션에 직면해 있다. 그리고 중앙은행의 가장 중요한 목표는 누가 뭐래도 물가 안정이다. 이 때문에 미국 연방준비제도를 포함한 각국 중앙은행은 경제성장률이 낮아지는 것을 감수하고라도 기준금리를 자꾸 올리는 것이다.

● 인플레이션과 자산 가격

일본의 경우를 제외하면 대부분의 국가에서 물가는 장기적으로 상승해왔다. 예를 들어 2000년 1월부터 2021년 12월까지 미국의 소비자물가는 월평균 2.25% 상승했다. 이 기간에 어떤 자산의 가격이 가장 많이 올랐을까? 그렇다, 금값이 가장 많이 상승했다. 같은 기간에 금값은 월평균 9.9%나 상승했다. 그 다음이 주가지수로 표현되는 주식 가격(S&P500, 배당 제외 6.89%), 주택 가격(20대 도시, 4.86%). 10년물 국고채 가격(3.23%) 순서로 상승했다. 장기적으로 보면 거의 모든 자산이 인플레이션율보다 더 빠르게 상승했다. 중장기적으로는 어떤

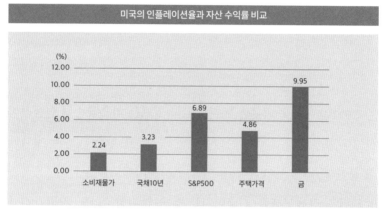

미국의 인플레이션율과 자산 수익률 비교

주: 2000.1~2021.12
자료: Federal Reserve Economic Data

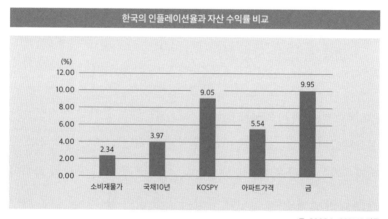

한국의 인플레이션율과 자산 수익률 비교

주: 2000.1~2021.12 기준
자료: 통계청, KB국민은행, 한국거래소

자산에 투자해도 인플레이션을 '헤지' 할 수 있기 때문에, 다양한 자산을 보유해야 한다는 의미다.

한국의 경우도 미국과 비슷한 결과가 나타났다. 2000년~2021년 기간 중 월평균 소비자물가 상승률이 2.34%였는데, 거의 모든 자산의 수익률은 그 이상이었고 특히 코스피는 월평균 9.05% 상승하면서 물가상승률을 크게 웃돌았다.

아무리 작은 변화라도 금리가 변하면, 언제나 전 세계 모든
시장에서 모든 금융 자산의 가치를 변화시킨다.

- 워런 버핏 (Warren Buffett) -

2

고금리의 해소

경쟁적 금리인상

중앙은행의 가장 중요한 목표는 원래 물가 안정이다. 앞장에서 살펴본 것처럼 2022년에는 혹독한 인플레이션을 맞아 미국을 중심으로 거의 40년 만에 물가상승률이 최고치를 기록했다. 고로 물가를 안정시키기 위해 중앙은행은 금리를 인상할 수밖에 없었다. 금리인상에 가장 적극적인 중앙은행은 역시 미국 연준이다. 연준은 2020년 2월 0.00%~0.25%였던 연방기금금리를 2022년 11월에는 3.75%~4.00%에 이를 정도로 급격하게 인상했다. 특히 2022년 6월, 7월, 9월, 11월에는 금리를 0.75% 포인트 올리는 소위 '자이언트 스텝'을 매번 단행했다.

한국은행은 연준보다 먼저 금리를 인상했다. 즉, 2021년 0.50%였던 기준금리를 단계적으로 올려, 2022년 11월에는 총 2.75% 포인트 높은 3.25%로 인상했다.

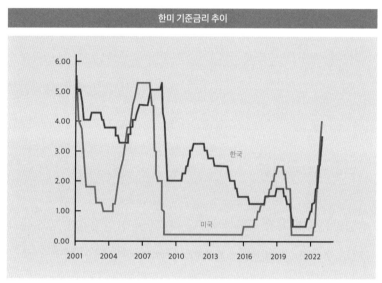

한미 기준금리 추이

자료: 한국은행, 미 연준

2023년 금리인상 사이클

문제는 이번 금리인상 사이클이 언제까지 이어질 것이며, 최종 금리 수준은 얼마나 될 것이냐다. 경기와 물가를 고려하면 이번 금리인상의 사이클은 빠르면 2022년 4분기, 늦어도 2023년 상반기에 마무리될 것으로 보인다.

　중앙은행이 금리를 결정할 때 참고하는 지표 가운데 하나가 '테일러 준칙(Taylor rule)'이다. 이는 적정금리 수준을 측정하는 하나의 방법이기도 한데, 여기에는 두 가지 중요한 경제 변수가 들어가 있다. 하나는 'GDP 갭률'이라고도 부르는 실제 GDP와 잠재 GDP의 차이다. 한 나라의 실제 GDP가 잠재 GDP 수준을 넘어서서 성장하면 그 나라 경제에 인플레이션 압력이 높아진다. 이런 시기에 중앙은행은 대개 기준금리를 인상하게 된다.

　테일러 준칙에 포함되는 다른 하나의 변수는 실제 물가상승률과 중앙은행이 통화정책 목표로 내세운 물가상승률의 차이다. 물가상승률 목표치는 보통 소비자물가 상승률(미국은 개인소비지출 물가상승률) 기준으로 2%이다. 그런데 실제 물가상승률이 이를 넘어서면 역시 중앙은행은 금리를 올리게 된다.

　미 의회가 추정한 잠재 GDP 기준으로 보면 미국 경제는 2022년 1분기부터 실제 GDP가 잠재 GDP 아래로 떨어졌다. 그 폭이 점차 확대되면서 3분기에는 GDP 갭률이 -0.9%에 다다랐다. 최근(2022년 11월) 블룸버그 컨센서스에 따르면 내년 미국 경제성장률 전망치는 0.4%다. 그렇게 된다면 2023년에는 GDP 갭률이 -2% 이상으로 확대

된다. 실물경제 측면에서 보면 당연히 금리를 내려야 한다는 의미다.

하지만 문제는 물가다. 2022년 2월 미국의 근원 개인소비지출 물가상승률은 5.4%로 1983년 4월(5.5%) 이후 최고치를 기록했다. 그 이후 물가상승률은 점차 낮아지고 있지만 9월에도 5.2%로 그 속도는 답답하리만치 느리다.

그러나 2022년 4분기 후반 이후에는 물가상승률이 빠르게 낮아질 수 있다. 1장에서 살펴본 것처럼, 2022년 들어서 GDP 갭률이 마이너스로 돌아서고 그 갭이 커지고 있다는 것은 미국 경제 전체적으로는 수요가 공급을 따라가지 못하고 있다는 얘기다. 또한, 연준이 2022년 3월 이후 과감하게 금리를 인상해오고 있을 뿐만 아니라, 6월부터는 양적 긴축도 단행하고 있다.

2010년 이후 통계로 분석해보면 금리인상은 1년 정도의 시차를 두고 소비 등 실물경제지표에 가장 큰 영향을 주었다. 소비가 줄어들면 물가상승률이 낮아질 수밖에 없는데, 금리가 물가에 미치는 영향도 역시 1년 후에 가장 또렷하게 나타났다. 게다가 2022년 하반기 들어서는 국제유가 등 원자재 가격도 하락하면서 공급 측면에서 물가 상승압력을 낮추고 있다.

앞서 언급한 블룸버그 컨센서스에 따르면, 미국의 2023년 1분기 근원 개인소비지출 물가상승률 전망치는 4.0%다. 그리고 2023년 하반기로 갈수록 물가상승률이 더 낮아져 4분기에는 2.7%에 이를 것으로 전망하고 있다.

아래 그림은 이를 고려하여 미국의 적정금리를 추정해본 것이다. 테일러 준칙에 실질금리가 들어가는데, 여기서는 1980년~2021년의 장기 평균(근원 개인소비지출물가 기준 1.65%)을 사용했다. 이에 따르면 2022년 4분기까지 적정금리 수준은 높은 물가상승률 때문에 7%

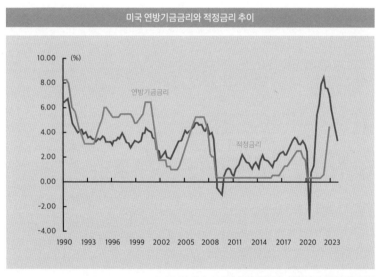

주: 2022년 4분기~2023년 4분기 적정금리는 블룸버그 전망치를 기초로 추정
자료: Federal Reserve Economic Data, Bloomberg

정도로 나온다. 물론 이는 어디까지나 이론상의 적정금리여서, 그 방향이 더 중요하다. 과거 통계를 보면 테일러 준칙으로 추정한 적정 금리 수준이 낮아질 때, 연준은 금리인상을 중단했거나 금리를 내렸다. 2022년 2분기부터 적정금리 수준은 낮아지고 있다. 그래서 빠르면 2022년 4분기에는 연준의 금리인상 사이클이 마무리될 거라고 전망할 수 있다.

우리나라의 경우는 어떨까? 테일러 준칙을 적용한 한국의 2022년 4분기 적정 기준금리는 8% 정도다. 그러나 블룸버그 컨센서스에

한국의 기준금리와 적정금리 추이

주: 2022년 4분기~2023년 4분기 적정금리는 블룸버그 전망치를 기초로 추정
자료: 한국은행, Bloomberg

따른 경제성장률(2023년 4분기 2.5%)과 소비자물가 상승률(2.0%) 전망치를 고려하면, 2023년 4분기 적정금리는 2.6% 정도로 낮아진다. 방향 측면에서 보면 2023년 3분기를 정점으로 적정 기준금리 수준은 계속 하락한다.

금리 급등의 중심

한국은행 기준금리 인상과 더불어 높은 물가상승률로 인해 시장금리도 급등하고 있다. 2021년 2월 말 1.97%였던 10년 만기 국고

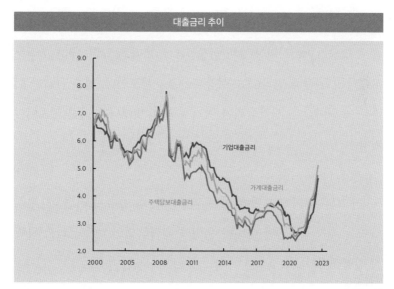

대출금리 추이

자료: 한국은행

채 수익률이 2022년 10월에는 4.63%에 이르렀다. 이와 함께 은행 대출금리도 큰 폭으로 오르고 있다. 특히 2020년 8월 2.39%로 사상 최저치를 기록했던 은행의 주택담보대출 금리(가중평균 기준)가 2022년 9월에는 4.79%까지 상승했다.

금리의 전망과 이유

금융시장에서 대표적인 장기금리는 10년 만기 국고채 수익률이다. 2022년 10월 기준 이 금리가 4%대인데, 이는 적정 수준을 넘어선 것으로 보인다. 장기적으로 시장금리는 통상 명목GDP 성장률을 약간 밑돌았다. 예를 들면 2001년~2021년의 10년 만기 국고채 수익률은 평균 3.9%로 명목GDP 성장률(5.7%)보다 낮았다. 내가 추정한 우리나라의 잠재 명목GDP 성장률은 3% 정도인데, 현재 금리가 이 수준을 넘어섰다. 시장금리가 여기서 크게 벗어나기 어렵다는 이야기다.

금리는 세 가지 요인에 의해 결정된다. 이 셋을 고려할 때, 우리나라는 시장금리뿐만 아니라 은행의 예금금리와 대출금리도 하락할 전망이다.

첫째, 금리를 결정하는 가장 중요한 요인은 경제성장률이다. 그런데 우리나라 실질 잠재성장률이 2% 안팎으로 떨어지고 있다. 잠재성장을 결정하는 요인 중 하나인 노동은 이미 감소세로 돌아섰고 앞으로 그 감소 폭이 더 확대될 것이다. 우리 기업들이 이미 상당한 자본을 축적해놓았기 때문에 투자가 크게 늘어날 가능성도 적다. 잠재 성장을 결정하는 또 다른 요인인 총요소생산성 역시 하루아침에 향상되는 것은 아니다. 갈수록 잠재성장률이 더 낮아지면서 2030년 무렵에는 1%에 근접할 것이다. 이를 반영하여 금리는 장기적으로 더 떨어질 가능성이 크다.

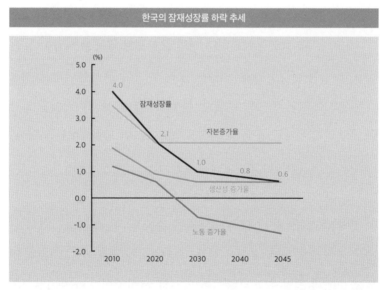

한국의 잠재성장률 하락 추세

자료: 한국금융연구원(2021.7)

둘째, 저축률과 투자율의 차이가 금리를 결정한다. 국민경제를 전체적으로 보면 저축은 자금의 공급이고 투자는 자금의 수요다. 1997년 외환위기 이전에는 국내 총투자율이 총저축률보다 높았다. 그래서 자금 수요가 공급을 넘어섰고, 따라서 금리가 높은 수준을 유지할 수밖에 없었다. 그러나 1998년 이후로는 저축률이 투자율을 웃돌고 있다. 2022년 총저축률이 36.1%로 총투자율(31.5%)보다 4.6% 포인트나 더 높았다. 2022년 상반기에도 이 비율은 각각 35.0%와 31.5%로, 여전히 저축률이 투자율을 웃돌았다. 향후 몇 년 동안 이러한 자금 잉여 상태가 계속되면서 시장금리는 낮은 수준을 유지할 것으로 내다보인다.

셋째, 은행의 채권매수도 금리 하락 요인으로 작용할 전망이다. 은행은 돈이 들어오면 대출과 유가증권으로 자금을 운용한다. 가계는 기본적으로 자금 잉여의 주체다. 실제로 2021년 비영리단체를 포함한 가계의 잉여자금이 141조 원, 그리고 2022년 상반기에는 99조 원이었다.

반면 기업은 자금 부족, 즉, 자금 수요의 주체다. 그런데 최근 들어 기업의 자금 부족액이 경제 규모에 비해서 줄어들고 있다. 명목GDP에서 기업자금 부족액이 차지하는 비중이 2009년 1분기의 8.6%에서 2021년 4분기에는 3.5%로 감소했다. 한국은행의 자금순환에 따르면 2022년 6월 말 우리 기업이 가지고 있는 현금성 자산이 941조 원이었다. 기업이 이렇게 많은 현금을 보유하고 있기 때문에 갈수록 기업의 자금 수요도 줄어들 것이다.

은행은 자금운용에서 대출이 줄어들면 상대적으로 유가증권 투자를 늘릴 수밖에 없다. 또 은행은 자산운용에서 수익성보다는 안정성을 더 강조하기 때문에 주식보다는 채권에 더 많은 자산을 투자한다. 2021년 말 은행의 자산 가운데 주식 비중이 3.8%로 2015년 말(4.0%)보다 낮아졌다. 그러나 채권 비중은 같은 기간 12.7%에서

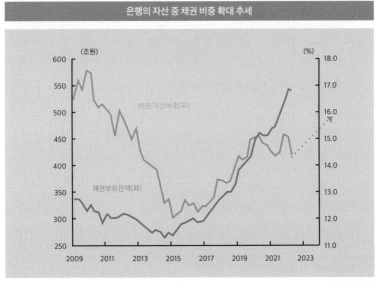

은행의 자산 중 채권 비중 확대 추세

자료: 한국은행

15.2%로 높아졌다.

재정적자를 메꾸기 위한 국채 발행 증가도 금리 상승 요인으로 작용했다. 가계의 잉여자금이 늘고 기업의 자금 부족 규모가 줄면, 정부가 그 잉여분을 흡수해서 쓸 수밖에 없다. 그래서 앞으로도 정부는 적자 재정을 편성하고 국채 발행을 더 늘릴 것이다. 이 경우 채권 시장에서 공급이 늘면서 채권 가격은 하락(즉, 채권 금리는 상승)할 수 있다. 이른바 구축효과(Crowding-out effect)가 발생하는 것이다. 정부가 국채 발행을 늘리면 시장금리가 상승하고 소비와 투자가 줄어든다는 이야기다.

구축효과의 중간고리는 시장금리의 상승이다. 정부가 발행하는 국채를 은행이 사주면 금리가 오히려 떨어질 수 있다. 이것은 실제로 일본 경제에서 나타난 적이 있었던 현상이다. 일본에서는 1998년부터 기업이 자금 잉여의 주체로 돌아섰다. 기업이 금융회사로부터 빌린 돈보다 저축한 돈이 더 많았다는 뜻이다. 기업의 대출 감소로 인해 여유자금이 생긴 일본 은행은 채권투자를 크게 늘렸다. 일본 은행의 자산 가운데 채권이 차지하는 비중은 1998년의 12.6%에서 2011년에 32.4%까지 대폭 증가했다. 이 기간에 GDP 대비 정부부채가 98.9%에서 187.5%로 급증했을 정도로 일본 정부는 국채를 대량으로 발행했다. 하지만 시장금리는 오히려 하락했다. 정부가 발행한

국채를 모두 은행이 사주었기 때문이었다. 정도의 차이가 있을 뿐, 우리나라에서도 이와 같은 현상이 나타날 가능성이 크다.

변동금리 vs 고정금리

한국은행에 따르면 2020년 8월에 2.63%였던 예금은행의 가중평균 대출금리가 2022년 9월에는 4.71%로 크게 상승했다. 특히 가계 대출금리가 같은 기간 2.55%에서 5.15%로 더 큰 폭의 상승을 보였다. 변동금리로 대출받은 가계나 기업의 금리 부담은 더 늘어난 것

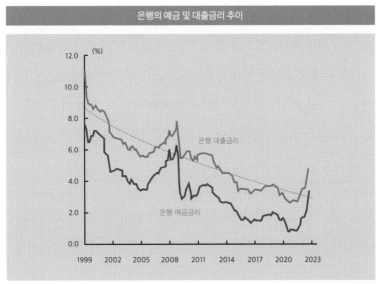

은행의 예금 및 대출금리 추이

자료: 한국은행

이다.

　변동금리 대출을 고정금리 대출로 전환하는 편이 유리할까? 신규로 대출받을 때도 고정금리를 선택해야 할까? 앞서 설명했던 금리를 결정하는 요인을 보면, 시장금리가 이미 적정 수준에 근접해 있고 중장기적으로 떨어질 가능성이 크다는 것이 내 소견이다. 고로 대출 기간이 길수록 고정금리보다는 변동금리 대출이 더 유리할 것이라는 뜻이다. 금리 상승에 따라 일부 금융회사들이 최근 높은 금리로 예금 상품을 내놓고 있다. 이런 시기에 저축은 만기가 긴 고정금리로 하는 것이 바람직해 보인다.

　지난 2년 이상 시장금리가 상승했기 때문에 채권 투자자는 손실을 보았을 것이다. 그러나 내 전망처럼 앞으로 금리가 하락한다면 채권투자에서 이익을 기대할 수 있다. 경기가 둔화하는 가운데 물가 상승률이 낮아지는 국면은 경기순환에서 수축 국면에 해당한다. 이때 주가는 추세적으로 상승하기 힘들다. 가계 금융자산 가운데 채권 투자 비중을 더 늘려야 할 시기가 다가오고 있는 것이다.

장·단기 금리 차이로 알아보는 미래 경제

장·단기 금리 차이로써 미래의 경제를 전망해볼 수 있다. 하지만 그러기 위해서는 우선 수익률 곡선(yield curve)을 알아둘 필요가 있다. 수익률 곡선이란 채권 만기에 따른 수익률(금리)을 연결한 선이다. 일반적으로 수익률 곡선은 우상향한다. 이를 기간 프리미엄으로 설명해볼 수 있다.

2022년 11월 4일 현재 1년 만기 국고채의 수익률이 3.902%이고 3년 만기 국고채는 4.118%이다. 그런데 만약 3년 만기 국고채의 수익률이 1년 만기 국고채와 같다면, 투자자들은 1년물을 더 선호할 것이다. 1년보다는 3년이라는 기간의 불확실성이 더 크기 때문이다. 또 만기가 길수록 유동성 역시 떨어진다는 점도 작용할 것이다. 여기서 3년 만기 수익률과 1년 만기 수익률의 차이인 0.216% 포인트를 기간 프리미엄이라 부른다.

그런데 수익률 곡선이 항상 우상향하는 것은 아니다. 때로는 우하향할 수도 있다. 이런 경우를 가리켜 수익률 곡선이 역전되었다고 한다. 미래에 대한 경제 전망이 매우 어려운 시기에는 장·단기 금리의 차이가 역전된다. 금리에는 예상된 경제성장률과 물가상승률이 내포되어 있기 때문이다. 미래의 경제성장률이 낮아질 것으로 기대되면 장기금리가 떨어지고 심지어는 단기금리보다 낮아질 수도 있다.

통계청에서 발표하는 선행지수 순환변동치는 대표적인 경기선행지수다. 그런데 장·단기 금리 차이는 이 지수보다 선행한다. 여기서 장기금리는 10년 만기 국고채 수익률을 가리키고, 단기금리는 1년 만기 국고채 수익률이다. 아래 그림은 장·단기 금리 차이와 선행지수 순환변동치의 추이를 보여준다. 2008년 1월에서 2022년 9월까지 통계로 분석해보면 장·단기 금리 차이가 선행지수 순환변동치보다 5개월 정도 선행하고, 상관계수도 0.66으로 비교적 높다. 물론 기간에 따라 선행기간과 상관계수는 달라진다.

장·단기 금리 차이가 확대되면 앞으로 선행지수 순환변동치가 5개월 정도 시차를 두고 오르고 그 다음에 경기는 더 좋아진다는 의미다. 반대로 장·단기 금리 차이가 축소되면(보통 장기금리가 떨어지면서 이런 현상이 발생하는데), 앞으로 선행지수 순환변동치가 하락하고 점차 경기도 나빠지게 된다.

2022년 7월~8월에 장·단기 금리 차이가 급격하게 축소되었다. 그러므로 2022년 말과 2023년 초에 선행지수가 급격하게 떨어질 가능성이 크다고 해석할 수 있다. 코스피(KOSPI)는 선행지수 순환변동치와 거의 같은 방향으로 움직이기 때문에 장·단기 금리 차이로 미래의 주가도 예측해볼 수 있다.

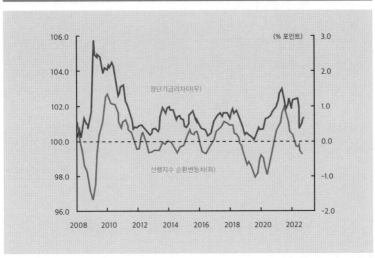

장·단기 금리 차이와 선행지수 순환변동치 추이

자료: 통계청, 금융투자협회

나아가 장·단기 금리 차이를 이용해 미래의 경제성장률도 예상해볼 수 있다. 가령 2008년 1분기에서 2022년 3분기까지를 통계로 분석해보면 장·단기 금리 차이가 전년 동기 대비 경제성장률에 3분기 정도 선행했으며, 상관계수도 0.65로 상당히 높았다. 이러한 장·단기 금리 차이(분기 평균)가 2022년 2분기의 1.17%에서 3분기에는 0.43%로 급격하게 축소되었다. 이는 2023년 2분기 전후에 경제성장률이 급격하게 낮아질 것을 예고하고 있다.

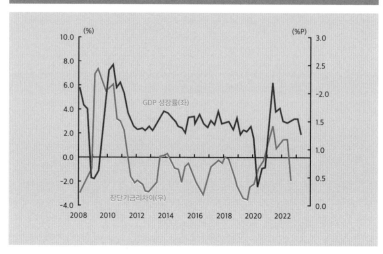

장·단기 금리 차이와 경제성장률

자료: 통계청, 한국은행

상황에 따라서는 장·단기 금리 차이가 경기침체를 예고해주기도
한다. 우선 장·단기 금리 차이가 역전되었다는 의미는 장기금리가
단기금리보다 더 낮아졌다는 것이다. 이 경우에는 시차를 두고 경기
가 둔화하다가 침체에 빠지기도 한다.

앞의 장·단기 금리 차이와 경제성장률의 관계를 보여주는 위의
그림을 보면 2019년 2분기에서 3분기까지 장·단기 금리 차이가 역전
되었다. 그런 다음 시차를 두고 2020년 2분기에서 4분기 사이에 우
리 경제는 마이너스 성장을 했다. 물론 경기침체의 직접적 원인은 코
로나19였다. 그러나 장·단기 금리 차이는 이미 1년 전부터 경기침체

를 예고해주었다는 것에 주목할 만하다.

　미국에서도 장·단기 금리 차이로 경기를 예측한다. 보통 10년물 국채와 2년물 국채의 수익률 차이를 장·단기 금리 차이로 보는데, 이 차이가 역전되었을 때 미국 경제가 침체에 빠졌었다. 그 당시 경기 상황에 따라 시차의 차이는 존재했다. 가장 최근의 예로는 2022년 7월부터 장·단기 금리 차이가 역전되었고, 그 이후로는 차이가 더 확대되고 있다. 머지않아 미국 경제가 침체에 빠질 것을 예고해주고 있다.

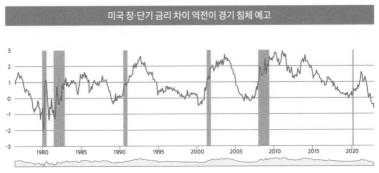

미국 장·단기 금리 차이 역전이 경기 침체 예고

자료: 세인트루이스 연방은행

금리와 금융시장 안정성

　금리는 현재 금융시장의 안정성을 판단하는 도구로 쓰이기도 한다. 바로 금리의 '위험 프리미엄' 기능이다.

보통 정부가 발행하는 국채는 주요한 안전자산으로 간주된다. 국가가 부도 상태에 빠지지 않는 한, 정부가 국채 발행에 따른 원리금을 틀림없이 상환해주기 때문이다. 반면 회사채는 일반 기업이 발행하는 채권으로, 국채보다 안정성이 떨어진다. 신용평가회사들은 각 기업의 회사채에 원리금 상환능력 등 기업 사정을 고려하여 다양한 신용등급을 준다.

신용등급은 최상위인 'AAA'에서 'D'까지 18개 등급으로 나눠져 있다. 여기서 'BBB-' 이상은 투자등급, 'BB+' 이하는 투자부적격 등급(투기등급), 하는 식으로 구분한다. 신용등급이 낮을수록 위험성이 높기 때문에 그 수익률은 높아야 한다. 예를 들면 2022년 11월 4일 현재, 같은 무보증 3년 회사채라 하더라도 신용등급이 BBB-인 회사채의 수익률은 11.44%인 반면, 그보다 신용이 좋은 AA-의 경우는 5.59%로 훨씬 낮다.

시장에서 대표적으로 통용되는 회사채 수익률은 보통 신용등급이 AA-이고 3년 만기에 보증이 없는 회사채에 붙는 금리(상기한 5.59%)를 의미한다. 그런데 같은 3년 만기라고 해도 정부가 발행하는 국고채 수익률은 4.12%였다. 회사채수익률보다 1.47% 포인트 낮은 것이다. 이를 금리의 위험 프리미엄(혹은 신용 스프레드)이라 한다. 국채보다는 회사채가 그만큼 원리금 상환의 확실성이 낮다는 의미다.

경제나 금융시장이 불안해질 조짐이 보이거나 실제로 경제 위기가 발생했을 때는 위험 프리미엄이 확대된다. 경제의 불확실성이 높을수록 투자자들은 위험보다는 안정성을 선호하기 때문이다.

아래 그림은 만기가 3년으로 똑같은 회사채(AA-등급)와 국고채의 수익률 차이를 보여준다. 2008년 글로벌 금융위기 전후에 신용 스프레드가 크게 확대되었다. 위험한 시기에는 투자자금들이 국채 등 안전자산으로 몰린다. 그래서 안전자산인 국채의 가격은 오르고 수익률은 떨어진다. 반면, 이 같은 경제위기 때 원리금 상환능력이 떨어지는 회사채는 매각하거나 수요가 줄기 때문에 가격은 하락하고 수익률은 상승한다.

신용 스프레드 추이

자료: 금융투자협회

2021년 3분기부터도 신용 스프레드가 급격히 확대되고 있다. 경제나 금융시장에 불확실성이 높아지고 있다는 의미다.

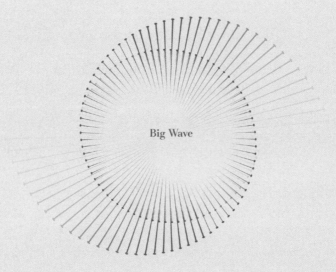

Big Wave

투키디데스의 함정을 피하려면

생각하기 힘든 것을 기꺼이 생각할 줄 알아야 하며

상상하기 힘든 것을 기꺼이 상상할 줄 알아야 한다.

- 그레이엄 앨리슨 (Graham Alison) -

3

고달러의 종언

달러의 과거, 현재, 미래

아래 그림은 주요 선진국 통화에 대한 달러가치의 움직임이다.
그림에서 빨간 선이 추세선으로, 장기적으로 하락하고 있다는 것을
알 수 있다.

앞으로 달러 가치는 어떻게 변할까? 1971년 미국 닉슨 행정부의
존 코널리(John Connally) 재무장관은 미국이 인플레이션을 수출하고
있다고 불평하는 유럽의 재무장관들에게 이렇게 대꾸했다고 한다.
"달러는 우리 화폐지만 당신들 문제야(It's our currency, but your problem)."

달러가 미국의 문제일 때, 달러 가치가 큰 폭으로 하락했던 사

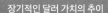

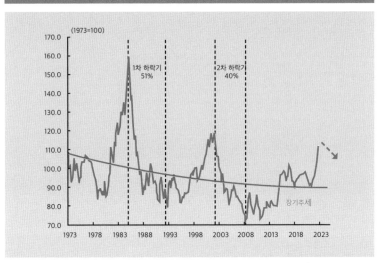

(1973=100)

1차 하락기
51%

2차 하락기
40%

장기추세

주: Trade Weighted U.S. Dollar Index: Major Currencies
자료: Bloomberg

례가 두 번 있었다. 먼저 1981년 레이건 행정부는 경제 활성화 정책으로 감세를 꺼내 들었다. 그러나 감세는 경제 활성화보다는 '쌍둥이 적자'를 초래했다. 1985년 들어 미국의 재정수지 적자는 국내총생산의 5%에 이르렀고, 경상수지 적자도 3%를 넘어섰다. 엎친 데 덮친 격으로 이 문제를 조정하는 과정에서 달러 가치가 크게 하락했다. 1985년 2월에서 1992년 8월 사이, 주요 선진국 통화로 구성된 달러지수가 51% 급락했다. 특히 1985년 9월 플라자합의는 달러 가치를 떨어뜨리는 데 크게 기여했다. 이 합의는 미국, 영국, 독일, 프랑스, 일본 등 G5 재무장관들이 달러화 강세를 시정하도록 결의한 조

치였다.

두 번째 사례는 2000년대 들어서면서 발생한 일이다. 1990년대 중반 이후 미국 경제는 정보통신혁명으로 생산성이 크게 개선되었다. 1980년~1995년 기간 미국의 노동생산성은 연평균 1.5% 증가했다. 그러나 1996년~2000년 사이의 생산성 증가율은 연평균 2.9%였다. 당연한 일이겠지만 생산성이 증가하면 한 나라 총공급 곡선이 우측으로 이동한다. 이 경우 성장률은 올라가고 물가상승률은 낮아진다. 1996년에서 2000년 사이에 미국 경제성장률은 연평균 4.3%였는데, 소비자물가 상승률은 2.5%에 그쳤다. 고성장과 저물가를 동시에 달성한 것이다.

당시 이러한 미국 경제를 두고 일부 경제전문가들이 '신경제' 혹은 '골디락스 경제'라 부르는 등 낙관적 분위기가 팽배했고, 주식시장에 큰 거품이 발생했다. 특히 나스닥지수는 1995년의 752에서 2000년 5,049까지 6.7배나 상승했다. 그러나 정보통신혁명의 거품이 붕괴하면서 2003년 나스닥지수는 1,114까지 내려앉았다. 또한, 미국 경제가 침체에 빠지면서 세계 GDP에서 미국이 차지하는 비중은 2001년의 31%에서 2008년 23%로 낮아졌다. 덩달아 달러 가치도 2002년 2월에서 2008년 3월 사이에 40%가량 폭락했다.

금리인상과 달러 가치

2022년 10월 주요 선진국 통화에 대한 달러지수가 113까지 상승하면서 2002년 4월 이후 최고치를 기록했다. 이러한 달러 가치는 특히 2022년 들어 10월까지만 18% 정도 급등했다. 달러 가치가 이처럼 상승한 이유가 무엇일까? 두 가지 측면에서 찾아볼 수 있다. 하나는 연준의 급격한 금리인상이다. 연준은 2022년 2월 0.00%~0.25%였던 연방기금금리를 11월에는 3.75%~4.00%까지 가파르게 인상했다. 특히 2022년 6월, 7월, 9월, 11월 4번에 걸쳐 기준금리를 0.75%씩 인상하는 소위 '자이언트 스텝'을 단행하기도 했다.

러시아-우크라이나 전쟁도 달러 가치를 상승시키는 또 하나의 요인이 되었다. 2022년 2월 러시아가 우크라이나 수도 키이우를 미사일로 공습하고 지상군을 투입하는 등 전면 침공을 감행하면서 전쟁이 시작되었다. 이 전쟁은 2023년 1월까지 계속되고 있다. 달러는 세계의 기축통화다. 글로벌 경제나 금융시장이 불안해지면 안전 자산인 달러의 수요가 늘게 된다. 러시아-우크라이나 전쟁 이전에 96이었던 달러지수는 2022년 5월부터 100을 넘어서는 등, 전반적인 불안 심리를 반영했다.

그러나 이 과정에서 달러 가치가 지나치게 과대평가되었다. 국제결제은행은 매월 주요국의 실질실효환율을 발표한다. 실질실효환율은 교역상대국들과의 상대가격 변동을 반영한 것으로, 명목실효환율을 교역상대국들과의 가중 평균된 상대가격으로 조정하여 산출한다. 즉, 물가 변동에 따른 실질구매력의 변동을 실효환율에 반영하기 위하여 명목실효환율을 교역상대국의 가중상대물가지수로 나누어 산출하는 것이다. 이 수치가 100보다 높으면 기준 연도(2010년)보다 그 나라 화폐 가치가 고평가됐다는 것을 나타내고, 낮으면 저평가됐다는 것을 나타낸다.

이렇게 계산된 실질실효환율에 따르면 미국 달러 가치는 2022년 10월 기준 34%나 과대평가되었다. 국제결제은행이 2000년부터

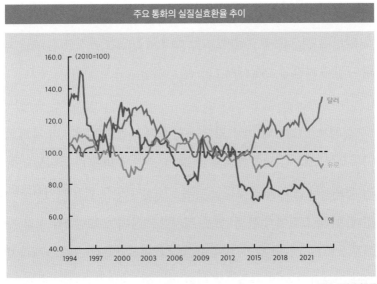

주요 통화의 실질실효환율 추이

자료: 국제결제은행

이 지표를 작성해서 발표한 이후 최고치다. 참고로 2002년에도 달러 가치가 29% 과대평가되었는데, 당시는 정보통신혁명으로 미국 경제가 고성장과 저물가를 동시에 달성했던 시기였다. 그러나 2022년 현재 미국 경제는 성장률은 낮아지고 물가상승률은 매우 높은 상태다.

실질 가처분소득과 미국 경제

모든 가격은 결국은 제자리로 돌아간다. 그것이 자연스러운 흐름이다. 미국의 경제성장률 둔화에 따른 시장금리 하락이 그런 가격 '회귀'의 신호가 될 것이다. 2022년 11월 블룸버그 컨센서스에 따르면 미국 경제성장률은 2022년의 1.7%(추정치)에서 2023년에는 0.4%로 낮아질 것으로 전망된다. 미국 GDP의 70%를 차지하고 있는 소비도 같은 기간에 2.5%에서 1.0%로 낮아질 것으로 보인다.

실제로 2023년의 미국 경제는 블룸버그 전망치보다 더 낮아질 가능성이 크다. GDP의 70%를 차지하고 있는 소비가 더 줄어들 것이기 때문이다. 소비를 결정하는 가장 중요한 요인은 실질 가처분소득인데, 아래 그림에서 볼 수 있는 것처럼 미국의 2022년 9월 실질 가처분소득은 2019년 말과 거의 비슷하다. 명목소득이 크게 늘어나지 않은 가운데 물가가 상승하고 있기 때문에, '실질' 가처분소득은 늘어나지 않는 것이다.

1인당 실질 가처분소득의 움직임을 보자. 2019년 말 45,325달러에서 2021년 3월에는 57,881달러로 크게 증가했다. 2020년 코로나19로 경기가 급격한 침체에 빠지자마자 미국 정부는 다양한 방법으로 가계를 지원했다. 그러나 그 이후 1인당 실질 가처분소득이 줄어들었고, 2022년 9월에는 45,389달러, 그러니까 2019년 말 수준으로 돌아왔다.

그러나 미국 가계의 실질소비는 지속적으로 증가하고 있다. 2022년 9월의 실질소비는 2019년 말보다 7.0% 증가했다. 하지만 같은 기간 실질 가처분소득은 0.7% 증가하는 데 그쳤다. 고로 소비가 소득보다 더 빨리 늘어나며 가계저축률이 크게 낮아지고 있다. 미국의 가계저축률은 2019년의 8.8%에서 2020년 16.8%로 높아졌다. 그러나 2021년에는 저축률이 11.8%로 떨어졌고, 2022년 1월~9월에는 3.7%까지 추락했다. 2000년~2021년 장기평균이 6.6%였던 것을 고려하면 매우 낮은 수준이다. 또한 이 수치는 미국 경제가 금융위기 전이었던 2007년 3.4% 이후 최저치다.

저축률이 이처럼 낮아졌다는 것은 무슨 의미일까? 미국 가계가 쌓아둔 돈을 많이 써버리고 있기 때문에, 앞으로 소비 증가세가 둔화될 것을 암시한다. 다른 한편으로 가계가 쓸 돈을 모으기 위해 노동시장에 더 적극적으로 참여할 것이라는 의미도 담고 있다. 미국의 15세 이상 경제활동인구 가운데 얼마나 많은 사람이 일하고 있는가를 나타내는 고용률은 2008년의 66%에서 2020년 이후 62% 안팎으로 낮아졌다. 가계가 고용시장에 더 참여하게 된다면, 2022년 9월 3.5%로 거의 사상 최저 수준까지 떨어졌던 실업률은 점차 올라갈 것이다. 실제로 다음 달인 10월에는 실업률이 3.7%로 약간 올라갔다.

낮은 저축률 다음에 오는 소비 감소와 실업률 증가로 미 연준은 2022년 12월 연방공개시장위원회에서의 금리인상을 마지막으로 이

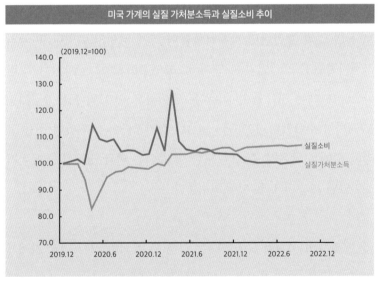

미국 가계의 실질 가처분소득과 실질소비 추이

자료: : Federal Economic Data

번 금리인상 사이클을 마무리할 수 있다. 그렇게 되면 10년 만기 국고채 수익률 등 시장금리도 낮아지면서 달러 가치가 하락세로 전환할 확률이 높다.

미국 경제의 불균형 심화

2011년 8월 신용평가 회사 스탠더드 앤 푸어스(Standard & Poor's)는 미국의 국가신용등급을 'AAA'에서 'AA+'로 강등했다. 재정수지 적자 확대가 신용등급 하향 조정의 주요인이었다. 2011년 당시 GDP 대비 정부부채는 94.6%로, 2007년 61.8%였던 정부부채가 2008년 금융위기를 극복하는 과정에서 크게 증가했기 때문이다.

2020년 코로나19로 경제가 침체에 빠지자 미국 정부는 다시 양적 완화를 선택했다. 그 결과 2020년에는 GDP 대비 정부부채가 132.8%로 치솟아 역사상 최고치를 기록했다. 경기 회복과 물가 상승 덕분에 2022년 2분기에는 부채 비율이 124.7%로 낮아지긴 했지만, 스탠더드 앤 푸어스가 미국의 신용등급을 내렸던 2011년보다는 훨씬 높은 수준이다.

정부부채와 더불어 대외부채도 급격하게 늘고 있다. 2011년 미국의 대외부채에서 대외 자산을 뺀 순부채는 4조4,546억 달러였다. 그러나 2021년에는 순부채가 18조1,243억 달러로 4배 이상 증가했다. 미국 경제가 소비 중심으로 성장하면서 수입이 늘고 그만큼 경상수지 적자가 확대되었기 때문이다. 순부채가 GDP에서 차지하는 비중도 같은 기간 28.6%에서 78.8%로 증가했다.

미국은 18조 달러가 넘는 순부채를 어떻게 지탱하고 있을까? 외국인이 미국 기업에 '직접투자'를 해준다든지 증권을 사주는 것으로 순부채를 견디어내고 있다. 2021년 미국의 누적 직접투자 수지는 3조441억 달러 적자이며, 포트폴리오 투자도 2021년 누적적자가 12조1,708억 달러에 이르고 있다.

2022년 5월 바이든 미 대통령이 한국을 방문했을 때, 제일 먼저 찾아간 곳은 삼성전자였다. 그리고 한국을 떠나기 직전에는 현대차를 방문했다. 미국에 직접투자를 해달라고 요청하기 위해서였다. 국민연금을 비롯한 많은 기관투자자뿐만 아니라 '미국 주식에 미쳐라'라는 말이 나올 정도로 열정적인 한국의 개인투자자들 역시 미국 주식을 많이 사들이고 있다. 다른 나라 기업이나 투자자들도 정도의 차이가 있을 뿐 마찬가지다.

요컨대 미국은 자국으로 유입되는 외국인의 직접투자나 증권투

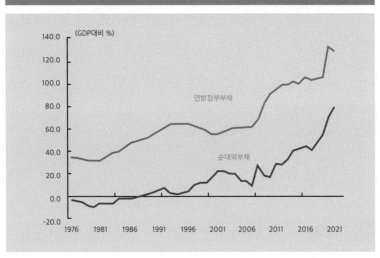

자료 : Federal Economic Data

자 자금으로 18조 달러가 넘는 대외부채를 지탱하고 있다. 만약 이런 자금이 조금이라도 줄어든다면 미국 달러 가치는 급락할 수 있지 않겠는가.

미국 vs 중국, 패권전쟁의 미래

중국이 세계무역기구에 가입한 2001년 이후 미국과 중국 경제는 상호 보완관계를 유지해왔다. 미국은 1990년대 중반 이후 정보통신혁명으로 경제 각 분야에서 생산성이 향상되었다. 1980년에서

1995년 사이에 연평균 1.5% 증가했던 미국의 노동생산성이 1996년 ~2007년 사이에는 2.7%나 늘었다. 생산성 증가로 공급 곡선이 우측으로 이동하면서 미국 경제는 고성장과 저물가를 동시에 달성했다. 이를 '신경제' 혹은 '골디락스 경제'라 부르며, 미국 소비자들의 지출은 크게 늘었다.

이때 중국은 저임금을 바탕으로 상품을 싸게 만들어 미국 소비자들의 욕구를 충족시켜 주었다. 덕분에 2001년~2020년 중국의 대미 무역흑자는 5조4,549억 달러에 달했다. 월마트에 진열된 상품의 절반 이상이 '메이드 인 차이나'일 만큼 중국의 생산이 미국의 소비를 그야말로 지탱해준 것이다. 중국은 같은 기간에 연평균 8.7%나 성장했는데, 말할 것도 없이 미국을 향한 수출이 이 성장에 크게 기여했다.

중국은 수출로 미국에서 벌어들인 돈의 일부를 활용해 미 국채를 사들였다. 2008년 미국은 금융위기를 극복하기 위해 재정지출을 크게 늘려야 했고, 그 재원을 마련하기 위해 국채를 발행할 수밖에 없었다. 특히 2011년 말에는 중국이 보유하고 있는 미국 국채 규모가 1조1,601억 달러로 외국인이 보유한 금액 중 26.1%를 차지했다. 그 이후에도 중국은 꾸준히 미국 국채를 사들여 2013년 말 1조2,700억 달러라는 사상 최고의 보유고를 기록했다.

중국의 이러한 미 국채 매수는 미국의 시장금리가 낮은 수준을 유지하는 데 크게 기여했다. 미국 소비자 입장에서는 중국이 생활에 필요한 각종 제품을 싸게 공급하는 한편, 국채 매입으로 금리가 낮아지고 집값도 올라서 좋았다. 물론 중국 제조업체들은 수출로 큰 돈을 벌 수 있어서 미국의 새로운 경제를 같이 즐길 수 있었다.

그러나 중국의 미 국채 보유액이 2013년을 정점으로 지속적으로 줄어들고 있다. 급기야 2022년 8월에는 9,336억 달러로 2020년 이후 처음으로 1조 달러 밑으로 떨어졌다. 외국인이 보유하고 있는 미 국채 가운데 중국이 차지하는 비중도 2016년 말의 26.1%에서 2022년 8월 말에는 12.8%로 대폭 줄었다.

미·중 패권전쟁은 현재 진행형이다. 그레이엄 앨리슨(Graham Allison) 하버드 대학교 석좌교수가 쓴《예정된 전쟁(Destined for War)》이라는 책이 미·중의 패권 다툼을 이해하는 데 중요한 지침서가 될 수 있다. 그는 미·중 패권전쟁이 전개되어나가는 방향을 '투키디데스 함정(Thucydides Trap)'이란 키워드로 풀어냈다. 기존의 강자(ruling power)인 미국이 부상하는 신흥 강국(rising power) 중국을 가만두지 않으리라는 것이 이 키워드의 요지다.

이 책은 미·중 패권전쟁이 무역전쟁에서 금융전쟁으로, 나아가서는 무력전쟁으로까지도 확산할 수 있다는 시나리오를 제시한다.

가령 도널드 트럼프 전 미국 대통령은 이미 대중 수입상품에 높은 관세를 부과했고, 중국도 이에 맞대응한 전력이 있다. 또한, 후임 바이든 대통령은 칩4 동맹을 거론하며, 중국으로 수출되는 반도체 장비와 기술을 제한하고 있다.

앨리슨 교수의 시나리오에 따르면 다음은 금융전쟁이다. 예컨대 아래와 같은 상황을 상상해보라. 중국이 가지고 있는 미국 국채를 모두 매각한다. 그렇게 되면 일시적으로 달러의 가치가 폭락한다. 게다가 시장금리는 급등하고 자산 가격도 급락한다. 실제로 여기까지

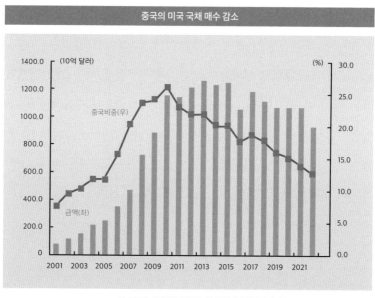

주: 비중은 외국인의 미 국채 총보유액에서 중국이 차지하는 비율, 2022년은 8월 기준

자료: 미 재무부

는 가지 않더라도 중국은 미국 국채 매입을 앞으로도 계속 줄일 것이다. 금융전쟁의 시작이 서서히 보이지 않겠는가.

앞서 본 것처럼 미국의 대외 불균형이 심화하고 있다. 미국은 이를 외국인의 직접투자나 증권투자로 그럭저럭 지탱하고 있다. 그런데 중국의 미국 국채 매수가 감소한다면, 미국으로의 자금 유입 감소를 통해 달러 가치 하락 요인으로 작용할 것이다.

세 번째 달러 가치 하락?

앞서 우리는 미국 경제에 문제가 발생했을 때 달러 가치가 하락했다는 것을 보았다. 가장 큰 문제는 미국의 대내외 불균형이 지나치게 확대되고 있다는 점이다. 미국정부의 부채가 크게 증가했고 대외부채도 지속하기 어려울 정도로 확대되고 있다. 설상가상으로 2023년 미국 경제는 침체에 빠질 가능성이 크다. 최근(2022년 11월) 블룸버그 컨센서스에 따르면 2023년 미국 경제 성장률 전망치는 겨우 0.4%다. 심지어 뱅크 오브 아메리카를 포함한 일부 투자은행들은 2023년 미국 경제가 마이너스 성장할 것으로 내다보고 있다. 2023년 어느 시점에 가서는 연방준비제도가 금리를 내릴 수도 있다는 의미다.

2023년 미국의 주요 경제지표 전망

(단위: %)

	2020	2021	2022	2023
GDP성장률	-2.8	5.9	1.7	0.4
소비자물가	1.2	4.7	8.0	4.1
실업률	8.1	5.4	3.7	4.3
경상수지/경상GDP	-3.0	-3.6	-3.9	-3.5
재정수지/경상GDP	15.6	-10.8	-4.3	-4.1
기준금리(말)	0.25	0.25	4.45	4.30
국채수익률(10년, 말)	0.92	1.51	3.86	3.44

자료: Bloomberg(2022.11.1)

미국 경제가 침체에 빠지고 연준이 금리인상을 멈추거나 금리를 내리면, 달러 가치는 하락하게 될 것이다. 최근 블룸버그 컨센서스의 주요 환율 전망에 따르면 2023년 이후에는 달러 가치가 하락하고 유로, 위안, 엔 등의 통화가치가 오를 것으로 예상된다. 아래 표에서 2022년 이후 전망치는 연말 기준이다.

주요 환율 전망

	2020	2021	2022	2023	2024
달러/유로	1.22	1.14	0.97	1.05	1.09
위안/달러	6.53	6.36	7.17	6.98	6.80
엔/달러	103.3	115.1	145.0	132.0	123.0

자료: Bloomberg(2022.11.1.)

한편 국제통화기금의 예측도 다르지 않아, 중장기적으로 달러 가치 하락을 시사하고 있다. 국제통화기금의 장기 전망에 따르면 2022년 미국 GDP가 세계 GDP에서 차지하는 비중은 24.2%로 2021년의 23.7%보다 약간 증가한다. 그러나 2024년부터 미국의 GDP 비중이 줄어들기 시작해서 2027년에는 22.7%로 낮아질 것으로 본다. 과거 통계를 보면 세계 GDP에서 미국 비중이 축소될 때 달러 가치는 하락했다. 2027년까지 세계 경제에서 미국 비중이 줄어든다는 IMF 전망은 장기적으로 달러 가치 하락을 시사한다.

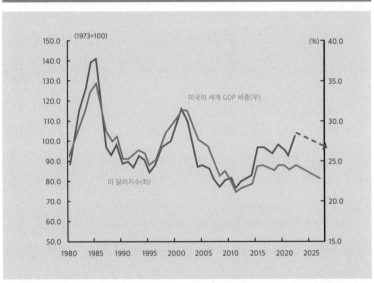

세계 GDP에서 미국이 차지하는 비중과 달러 가치 추이

주: 2022~27년 미국 GDP 비중은 국제통화기금 전망치
자료: 국제통화기금

1부 : 3고의 원인과 해소 방향

앞으로 5년, 한국 원화의 미래

글로벌 경제나 금융시장이 불안해지면, 원화 가치는 다른 통화에 비해서 상대적으로 더 큰 폭으로 떨어진다. 왜일까? 한국의 GDP에서 수출이 차지하는 비중이 매우 높기 때문이다. 이 비중은 2021년 기준으로 44%에 달했다. 그리고 2022년 10월 원화의 가치는 미국 달러와 비교하면 전년 말보다 19.8%나 하락했다. 하지만 같은 기간 선진국 통화들은 달러 가치에 비해 16.6% 하락했으며, 특히 신흥국 통화들은 달러 가치에 비해서 6.7% 오르는 데 그쳤다. 요컨대, 달러에 대한 원화의 가치는 유난히 하락 속도가 가팔랐다는 얘기다.

이러한 현상은 2008년 글로벌 금융위기 때도 나타났었다. 2007년 11월~2009년 2월 사이 달러지수는 선진국 통화와 신흥시장 통화에 비해 각각 14.1%, 14.8%씩 상승했다. 그러나 원화 가치는 같은 기간 무려 63.9%나 급락했다. 2007년 말 936.1원이었던 원/달러 환율이 2009년 2월 말에는 1534.0원까지 급등했으니 말이다.

원/달러 환율의 결정 요인을 고려한다면, 2023년에는 원화 가치가 상승할 가능성이 크다. 우선 원/달러 환율에 가장 중요한 영향을 미치는 변수는 달러 가치다. 원화가 달러 기준으로 표시되기 때문에 달러 가치가 오르면 원화 가치는 하락한다. 반대로 달러 가치가 하

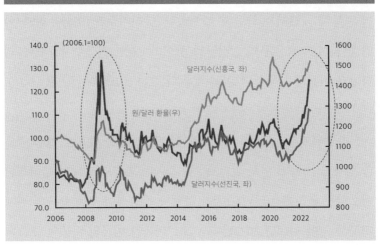

달러지수와 원/달러 환율 추이

(2006.1=100)

달러지수(신흥국, 좌)

원/달러 환율(우)

달러지수(선진국, 좌)

자료: 한국은행, Federal Economic Data

락하면 원화 가치는 상승한다. 둘째, 중국 위안화도 원/달러 환율에 커다란 영향을 미친다. 한국의 수출 총액에서 중국이 차지하는 비중이 25% 정도로 매우 높기 때문이다. 이를 고려하여 국제결제은행에서 원화의 실질실효환율을 계산할 때 중국의 비중을 33.3%로 미국(14.0%)보다 훨씬 더 높이 주고 있다. 이외에도 한·미의 금리 차이나 경상수지도 원/달러 환율 변동에 어느 정도 영향을 준다.

아래 표는 원/달러 환율에 영향을 주는 몇 가지 경제변수를 가지고 환율의 변동 요인을 분석해본 것이다. 표에 나와 있는 수치는 각 시차(개월)에 있어서 모형에 포함된 각 변수가 환율 변동에 어느 정도로 영향을 미쳤는가를 나타낸다. 예를 들면 1개월 후의 원/달러 변동에 대해서는 환율이 72.7%, 미 달러지수가 22.8%, 위안/달러 환율이 2.9%, 한·미 실질금리 차이가 0.6%, 경상수지가 0.9%의 영향을 미쳤다는 뜻이다. 이 수치를 다 합하면 100%가 된다.

미 달러지수는 모든 시차에서 원/달러 환율 변동에 가장 중요한 영향을 미친다. 앞서 살펴보았던 것처럼 미국의 대내외 불균형이 해소되는 과정에서 달러 가치가 하락할 가능성이 크다. IMF의 세계 GDP 전망에 따르면 2023년에서 2027년까지 미국의 비중이 축소되고 달러 가치가 하락한다. 달러 가치 하락은 곧 원화의 강세다. 이를 고려하면 앞으로 5년 정도는 원화 가치의 상승을 기대해볼 수 있다.

		원/달러 환율의 분산분해			
시차(월)	미달러지수	위안/달러	한미실질금리차	경상수지	원/달러
1	22.8	2.9	0.6	0.9	72.7
6	35.6	2.9	0.9	0.7	59.9
12	39.3	6.1	0.9	0.8	52.9
24	37.5	9.6	1.8	1.5	49.5
36	36.2	10.2	4.8	1.9	46.9

주: 1) VAR 모형(미 달러지수, 위안/달러, 한·미 실질금리, 경상수지, 원/달러
2) 시차: 6, 분석 기간: 2009.1~2021.12

● 환율전쟁 vs. 역환율전쟁

환율전쟁이란 수출 경쟁력을 유지할 목적으로 자국의 통화가치를 경쟁적으로 떨어뜨리는 현상을 가리킨다. 2008년 금융위기를 겪은 미국이 먼저 환율전쟁을 시작했다. 금융위기를 극복하기 위해 미국은 적극적 재정 및 통화정책으로 내수를 부양했다. 그래도 수요가 충분히 늘어나지 않자, 돈을 더 풀어 달러 가치 하락을 유도했다. 수출을 늘리기 위해서였다. 주요 선진국 통화에 대한 달러지수는 2008년 11월 말 86.5에서 2009년 11월 74.9로 13.5% 급락했다.

달러 가치가 하락함에 따라 준기축통화로 여겨지던 일본 엔의 가치가 급등했다. 2007년 3월 말 달러 당 123.2엔이었던 엔/달러 환율이 2011년 9월에는 77.1엔으로 37.4%나 상승했다. 일본의 디플레이션 압력이 더 심화할 수밖에 없었다. 이렇게 되자 일본도 돈을 풀면서 환율전쟁에 가담했다. 2013년 한해 일본의 본원통화증가율이 45.8%나 증가했다. 그 이후 엔 가치가 떨어지면서 2015년 말에는 엔/달러 환율이 달러 당 124.2엔에 이르렀다.

유럽 쪽은 어땠을까? 1923년 하이퍼인플레이션을 겪었던 독일 때문에 유럽중앙은행(ECB)은 이 당시 환율전쟁에 쉽게 뛰어들지 못했다. 그러나 ECB만 돈을 찍어내지 않으면서 상대적으로 유로화 가치가 올라가 수출경쟁력의 저하를 불러왔다. 결국 ECB도 2015년 본원통화를 40.1%나 증가시키면서 환율전쟁에 가담했다.

2020년 코로나19 영향으로 경기가 급격한 침체에 빠지자, 과거를 기억하고 있던 선진국들은 순서를 가리지 않고 다시 환율전쟁을 시작했다. 미국의 경우는 본원통화가 2020년 2월에서 2021년 12월 사이 85.6%나 증가했는가 하면, 같은 기간 유로존의 본원통화증가율은 93.3%로 미국보다 더 높았다.

이런 환율전쟁의 결과는 인플레이션이었다. 2022년 6월 미국의 소비자물가는 전년 같은 달에 비해 9.1%나 상승하면서 거의 40년 만에 최고치를 기록했다. 6월 유로존의 소비자물가 상승률도 8.6%로

1997년 관련 통계의 집계를 시작한 이후 최고였다. 그래서 이들은 금리를 올리고 통화 공급을 줄이면서 어떻게든 자국 통화 가치를 끌어올리는 방안을 모색하고 있다. 통화가치가 상승하면 수입 물가가 떨어지고 국내 물가가 전반적으로 안정될 수 있기 때문이다. 이른바 '역환율전쟁'을 하고 있는 것이다.

가장 먼저 역환율전쟁을 시작한 것은 역시 미국이었다. '자이언트 스텝'까지 단행하면서 미 연방준비제도는 2022년 3월에서 11월 사이에 기준금리를 3.75% 포인트나 인상했다. 이 기간에 달러 가치는 주요 선진국 통화에 비해 15% 상승했고 유로와 엔 가치는 각각 11%와 28%씩 하락했다. 이에 따라 이번 달(2022년 12월)에 유럽중앙은행도 빅 스텝을 단행하는 등 금리를 급격하게 인상하고 있다. 당분간 이들 선진국의 물가상승률이 통화정책 목표로 제시한 2%를 훨씬 웃돌 것이기 때문에, 금리를 더 인상하면서 자국의 통화가치 상승을 유도할 가능성이 크다.

경쟁적 환율전쟁의 결과로 경기는 회복되었지만, 각 경제주체의 부채가 크게 늘었고 각종 자산 가격에 거품이 발생했다. 그러므로 이제 시작되고 있는 역환율전쟁은 자산 가격 거품 붕괴와 더불어 심각한 경기침체를 초래할 수 있다.

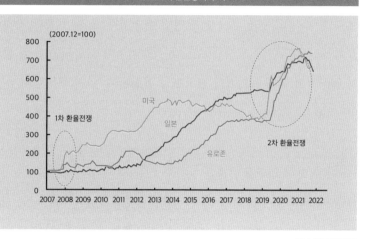

자료: 각국 중앙은행

Big Wave

모든 것의 가격은 때와 장소에 따라 오르내립니다. 그리고
그러한 변화가 있을 때마다 화폐의 구매력도 변합니다.

- 앨프릿 마셜 (Alfred Marshall)-

4

미국 자산 가격의 거품 발생과
붕괴

● **유동성을 보면 경기가 보인다**

거의 모든 자산의 가격에는 거품이 발생했다가 꺼지고 붕괴한다.
미국을 중심으로 이 현상을 살펴보자.

코로나19 직후 유동성을 풀어 경제위기를 극복했던 미국의 예를
설명하기에 앞서, 먼저 '마셜의 K(Marshallian K)'라는 용어를 알아둘
필요가 있다. 마셜의 K는 영국 경제학자 앨프릿 마셜(Alfred Marshall)
의 화폐 이론에 나오는 중요한 개념으로, 한 나라의 적정한 통화 공
급 수준을 측정하는 지표다. 구체적으로는 광의통화(M2)를 명목
GDP로 나눈 수치가 마셜의 K인데, 경제위기 이후 미국의 이 마셜의
K는 크게 증가했다. 다시 말해서 통화량이 급격히 늘어난 것이다. 특
히 2020년 2분기 마셜의 K는 0.91로 2019년 말의 0.70보다 29.1%나

급증했다. 아래 그림에서 미국의 마셜의 K가 어떻게 변해왔는지, 그 추이를 볼 수 있다.

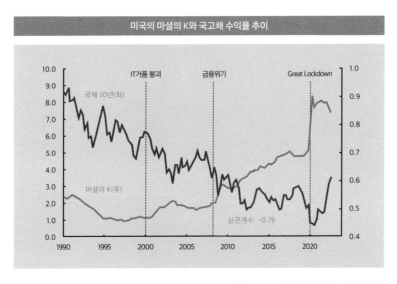

미국의 마셜의 K와 국고채 수익률 추이

주: 마셜의 K는 M2(광의통화)를 명목GDP로 나눈 것임
자료: Federal Reserve Economic Data

미국의 마셜의 K는 왜 이렇게 급증했을까? 물론 그 이유는 코로나19였다. 이 팬데믹의 영향으로 2020년 2분기 경제성장률이 1년 기준 -31.2%까지 떨어진 데다, 2020년 3월~4월에는 비농업 부문에서 고용이 2,199만 개나 줄었다. 그 이전 거의 10년에 걸쳐 늘었던 고용이 단 2개월 사이에 없어진 셈이다. 이처럼 심각한 경기침체를 극복하기 위해 미국 정책 당국은 재정 지출을 늘리고 돈을 급격하게 찍어낼 수밖에 없었다. 다른 선택지가 별로 없었다.

거의 끝난 채권시장의 거품 붕괴

실질GDP에 비해 급격하게 늘어난 통화량(M2)은 가장 먼저 채권시장에 거품을 초래했다. 2020년 3월에 미국의 10년 만기 국고채 수익률은 0.54%까지 떨어지면서 사상 최저치를 기록했다. 금리와 반대 방향으로 움직이는 채권 가격이 사상 최고치를 기록했다는 의미다.

2022년 들어서면서 연준이 금리를 급격하게 인상하고 양적 긴축을 단행하는 가운데 마셜의 K가 줄고 있다. 2022년 2분기에는 0.87로 2년 전과 비교해 3.8% 낮아졌다. 유동성이 축소되는 국면에서는 거품이 발생했던 모든 자산의 가격이 본질 가치로 회귀한다. 본질 가치가 없는 자산은 아예 시장에서 사라지기도 한다.

장기적으로 미국의 10년 만기 국고채 수익률은 명목GDP 성장률과 유사한 수준을 유지했다. 실제로 1970년~2021년 미국 국고채 평균 수익률은 6.1%로 명목성장률 6.2%와 거의 같았다. 미국 의회 예산국에 따르면 현재 잠재 명목GDP 성장률은 4% 정도다. 10년 만기 국고채 수익률의 적정 수준 또한 4% 안팎일 것이라는 의미다. 그리고 2022년 11월 10년 만기 국고채 수익률이 4.63%까지 상승했다. 채권시장에서는 거품이 거의 해소된 셈이다.

진행 중인 주식시장의 거품 붕괴

채권시장에 이어 주식시장에서도 거품이 발생했고, 또 붕괴하고 있다. 주식시장에 거품이 끼었는지 아닌지를 판별해주는 여러 가지 지표가 있는데, 그 가운데 하나가 '버핏 지수(Buffett indicator)'다. 이 지수는 명목GDP에 대한 주식시장 시가총액 비율이다. 달리 표현하면, 국민총생산에서 주식 시가총액이 얼마나 큰 자리를 차지하느냐를 보여주는 지수다. 연준이 작성하는 자금순환에서 각 경제주체가 보유하고 있는 주식을 시가총액이라 하면, 2021년 4분기의 버핏 지수는 334%로 사상 최고치를 기록했다. 지난 22년(2000년~2021년) 동안의 버핏 지수 평균은 186%였고, 2000년 정보통신 거품이 발생했을 때가 210%였다. 2022년 들어 주가가 하락하면서 2분기에는 254%로 낮아졌지만, 아직도 과거 평균보다 훨씬 높은 수준이다. 여전히 거품이 끼어 있다는 얘기다.

미국 가계 금융자산 가운데 주식 비중도 2021년 4분기에는 54%로 사상 최고치까지 올라갔다. 2000년 정보통신 거품과 2008년 금융위기 이전에는 47%~48% 정도였다. 가계의 자산에서 주식이 비중이 높다는 이야기는 그만큼 주가가 많이 올랐다는 의미다. 2022년 2분기에는 주식 비중이 51%로 낮아졌지만, 아직도 매우 높은 수준에 머물고 있다.

2022년 들어 9월까지 미국의 주요 주가지수가 20~30% 하락했다가 반등하기를 반복하고 있지만, 버핏 지수나 가계 금융자산 중 주식 비중을 보면 주가 하락이 마무리되었다고 보긴 어렵다.

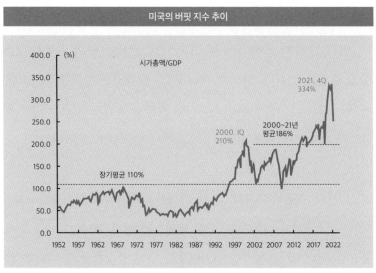

미국의 버핏 지수 추이

주: 시가총액은 미 연준 자금순환 상 각 경제주체가 보유하고 있는 주식 기준
자료: Federal Reserve Economic Data

소비를 위축시킬 주택시장의 거품

2008년 미국의 금융위기는 주택시장에서 거품이 발생했다 터지는 과정에서 발생했다. 2000년의 정보통신 거품 이후 주가가 급락하면서 경기침체에 빠진 것이다. 이를 극복하는 과정에서 연준은 통화 공급을 늘렸고 마셜의 K가 증가했다. 이 결정은 이후 경기 회복

과 더불어 주택 가격 상승을 초래했다. 미국의 주택 가격 동향을 가장 잘 나타내는 지표로 알려진 '케이스-실러 지수(Case-Shiller index)'에 의하면, 20대 도시 주택 가격은 2000년 1월부터 2006년 4월 사이에 105.4%나 상승했다.

이 같은 주택 가격 상승에 따라 미국 가계는 돈을 빌려서 집을 샀고 소비를 늘렸다. 2000년 7조4,552억 달러였던 가계부채는 2007년에는 14조6,133억 달러로 거의 2배 가까이 늘었다. 같은 기간 가처분소득 대비 가계부채 비율도 96.5%에서 136.6%로 껑충 뛰었다.

그러나 2006년 5월부터 주택 가격이 하락세로 돌아섰고, 2009년 5월까지 31.9%나 떨어졌다. 집값 하락으로 인해 주택담보대출 연체율은 2005년 말 4.7%에서 2009년 9.6%까지 상승했을 뿐 아니라, 같은 기간 비우량 주택담보대출에 해당하는 서브프라임(subprime) 대출의 연체율은 11.6%에서 26.4%로 급등했다. 이에 따라 금융회사들이 주택담보대출을 기반으로 만든 다양한 파생상품에 문제가 발생하면서, 리먼 브러더스 같은 대형 금융회사들이 파산했다. 2008년 미국의 금융위기는 주택가격에 생겼던 거품이 붕괴하는 과정에서 발생한 것이다.

그런데 2012년 이후 미국에서 주택 가격은 다시 한 번 빠른 속도로 상승하고 있다. 20대 도시 주택가격은 2012년 3월에서 2022년 6월까지 131.4%나 급등했다. 같은 기간 소비자물가는 29.1% 상승했고, 가계의 가처분소득은 51.4% 증가했다고 하니, 집값이 물가나 소득에 비해 얼마나 더 빠르게 오르고 있는지 알 수 있지 않은가.

2022년 들어 미국의 주택매매 건수가 급격하게 위축되고 있다. 기존 주택매매 건수는 2022년 1월의 649만 호에서 9월에는 471만 호로 낮아졌다. 신규 주택매매 건수는 같은 기간 83만 호에서 60만 호로 급감했다. 영락없는 집값 하락 신호다. 실제로 7월부터 주택 가격은 하락하고 있어서, 2022년 8월 20대 도시 주택 가격이 6월보다 2.0% 떨어졌다.

물론 집값 하락이 2008년보다 경제에 심각한 영향을 미치지는 않을 것이다. 2022년 2분기 가처분소득 대비 가계부채비율이 102.4%로 2008년의 132.5%보다 낮고, 2022년 10월의 연체율도 3.6%(서브프라임은 14.7%)로 낮은 수준을 유지하고 있기 때문이다. 그러나 주택 가격이 하락세로 돌아서면 연체율은 다시 높아질 수 있다. 또한 주택가격의 하락은 '역의 부의 효과(reverse wealth effect)'를 일으켜, 미국 GDP의 70%를 차지하고 있는 소비를 위축시킬 수 있다.

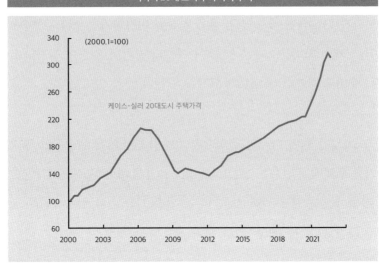

(2000.1=100)

케이스-실러 20대도시 주택가격

자료: Federal Reserve Economic Data

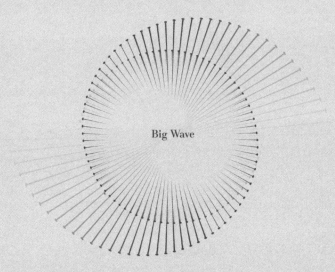

Big Wave

하락을 피하기 위해 주식 시장을 떠나는 사람들은 다음 랠리를
놓칠 가능성이 높은 사람들이다.

- 피터 린치 (Peter Lynch)-

5

한국 경제의 미래와 배분 전략

코스피, 언제 사야 할까?

2022년 코스피지수가 3,000을 넘었을 때, 나는 2,200까지 떨어질 수도 있다는 극단적 전망을 내놓았다. 내가 주가의 적정 수준을 판단하는 데 사용하는 명목GDP, 일 평균 수출금액, 광의통화 등에 비해서 주가가 지나치게 과대평가 되었기 때문이었다. 아나나 다를까, 2022년 9월 말에는 코스피지수가 2,150까지 하락하면서 나의 예측보다도 더 낮은 수준으로 떨어졌다. 이에 따라 주가는 저평가 영역에 들어섰다고 해도 좋을 것이다. 하나씩 살펴보자.

첫째, 코스피지수와 명목GDP의 관계다. 장기적으로 코스피는 명목GDP 이상으로 상승해왔다. 지난 10년(2012년~2021년)만 보아도 명목GDP는 연평균 4.1% 성장했고, 코스피 상승률은 5.8%였다. 2022년에는 실질GDP가 2.5%, GDP 디플레이터가 2% 상승한다는 전제 아래, 명목GDP는 4.5% 성장할 것으로 내다보인다. 이를 고려하면 적정 수준의 코스피지수는 3,090 정도다. 그러나 현실은 어떤가, 2022년 9월 말 코스피는 2,155까지 떨어졌다. 달리 표현하면, 코스피가 GDP를 30% 저평가한 셈이다.

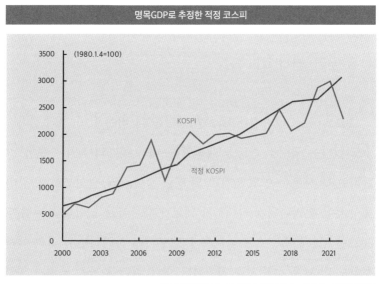

명목GDP로 추정한 적정 코스피

주: 코스피를 명목GDP로 회귀 분석하여 추정, 2022년은 추정 및 전망치
자료: 한국은행, KRX

둘째, 코스피와 일 평균 수출금액을 보아도 주가는 저평가되어 있다. 코스피와 상관관계가 가장 높은 경제변수는 일 평균 수출금

액이다. 2005년 이후 통계로 분석해보면 두 변수 사이의 상관계수는 0.86으로 매우 높게 나타났다. 2021년 4월에는 코스피가 일 평균 수출금액을 41%나 과대평가했었다. 그러나 3,300을 넘어섰던 코스피가 2022년 9월에는 2,155까지 하락하면서 완연한 저평가 영역에 들어섰다. 9월 기준으로 보면 코스피가 일 평균 수출금액을 22%나 과소평가하고 있다. 전 세계의 경제성장이 둔화하면서 빠르면 2022년 4분기부터 우리 수출 증가율이 마이너스로 돌아설 수 있다. 하지만 이를 반영하더라도 코스피는 지나치게 저평가되었다.

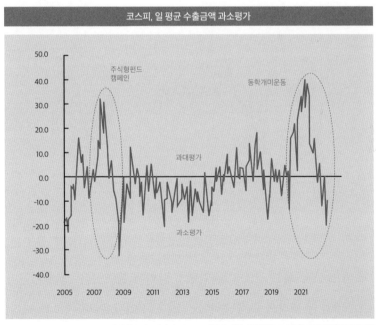

주: 과대 혹은 과소평가 정도는 코스피를 일 평균 수출금액으로 회귀 분석해 전차를 구한 것임

자료: 산업통상자원부, 한국거래소

1부 : 3고의 원인과 해소 방향

셋째, 유동성을 고려해도 코스피는 적정 수준 이하로 떨어졌다. 알다시피 광의통화는 유동성을 나타내는 대표적 지표 가운데 하나다. 2005년 1월에서 2022년 6월까지 코스피 시가총액이 광의통화에서 차지하는 비중은 평균 58%였다. 2021년 6월에는 이 비중이 68%까지 올라갔다. 그러나 2022년 9월 코스피 시가총액이 광의통화에서 차지하는 비율은 불과 45%다. 과거 평균치보다 22%나 낮아진 셈이다.

코스피 시가총액/M2 비율 추이

(시가총액/M2, %)

83(2007.10)
73(2011.4)
65(2017.12)
68(2021.6)
평균 58
37(2009.2)
40(2020.3)
45(2022.9)

자료: 한국은행, KRX

어느 모로 봐도 코스피는 저평가 영역에 들어섰다. 그러나 곧바로 주가가 추세적으로 상승하지는 않을 것이다. 아래 차트를 보자. 월말 기준 코스피의 움직임을 보여주는 장기 추세 차트다. 코스피는 1980년대 중반 이후 크게 상승했다. 1985년 말 163이었던 코스피는 1989년 3월 말에는 1,003에 이를 정도로 7배나 급등했다. 1986년 ~1988년 기간의 소위 '3저 호황'(저유가, 저금리, 저달러 혹은 엔강세)으로 수출이 주도하는 우리 경제가 연평균 12% 성장한 것이 주가 상승의 동력으로 작용했다.

그러다 1997년 외환위기를 겪으면서 코스피는 1998년 8월 말 310까지 폭락하기도 했지만, 그 이후 주식시장이 장기 조정국면에 접어들면서 1989년에서 2004년까지 500에서 1,000 사이의 박스권에 머물렀다.

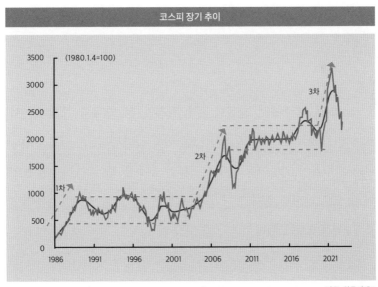

자료: 한국거래소

그러나 2005년부터 코스피는 다시 상승하기 시작해 2007년 10월에는 사상 처음으로 2,000선을 넘어섰다. 이 기간의 상승 원인은 주로 중국 경제의 급부상과 대중 수출 증가에서 찾을 수 있다. 중국이 2001년 세계무역기구(WTO)에 가입하면서 저임금을 바탕으로 상품을 생산해서 전 세계로 공급해준 것이다. 중국의 저렴한 상품 생산은 세계 물가를 전반적으로 안정시켜주었다.

또한 중국은 미국과 교역에서 벌어들인 돈의 일부로 미국 국채를 사주면서 미국 등 주요국의 금리를 낮춰주기까지 했다. 중국 경제가 수출 중심으로 고성장하는 가운데, 중국이 우리나라에서 수입하는 중간재도 크게 늘어났다. 이에 따라 우리나라 수출에서 중국이 차지하는 비중도 2000년의 10.7%에서 2007년에는 22.1%로 대폭 늘었다.

2008년 미국에서 발생한 금융위기가 전 세계로 확산하면서, 2009년 2월에는 코스피지수가 1,063까지 하락했다. 그 뒤로 2019년까지 지수는 2,000 안팎에서 오랫동안 조정을 겪었다. 하지만 2020년 초 코로나19로 경제가 단기 침체에 빠지면서 코스피는 3월에 장중 1,439까지 급락했다.

이런 경기침체를 극복하기 위해서 한국은행은 기준금리를 사상 처음으로 0.5%까지 인하했고 통화 공급을 대폭 늘렸다. 명목GDP 대비 통화량을 나타내는 마셜의 K는 2019년 말 1.49에서 2020년 2분기에는 1.62로 증가했고, 그 이후로도 계속 증가하고 있다. 이러한 유동성 증가는 주가의 상승에 크게 기여했다.

이런 양적 완화에 힘입어 2021년 상반기에 3,300을 넘어섰던 코스피가 2022년 9월에는 다시 2,155까지 하락했다. 이제부터 3,000선을 넘어서려면 새로운 동력이 필요하다. 그 동력이 무엇일지는 아직 모른다. 다만 그런 힘이 생길 때까지는 코스피가 일정 범위 안에서 조정을 보일 가능성이 높다. 그럼에도 2,200선 안팎의 코스피가 저평가 영역에 있다는 것은 확실하다.

주택 가격은 고평가 해소국면 초기

아파트 가격을 중심으로 주택 가격은 어떤 추이를 보이고 있을까? KB국민은행이 발표하는 월간 주택 가격 동향에 따르면 아파트 가격은 2009년 3월을 저점으로 2002년 6월까지 75.1% 상승했다. 같은 기간 서울 아파트 가격의 상승률은 72.4%(강남 75.9%, 강북 68.1%)로 전국 평균 상승률에 미치지 못했다. 같은 기간 부산(110.9%), 대전(106.7%), 대구(101.8%), 광주(98.8%) 순서로 상승률이 높았으며, 울산

(69.3%), 인천(48.9%)의 아파트 가격은 상대적으로 덜 올랐다.

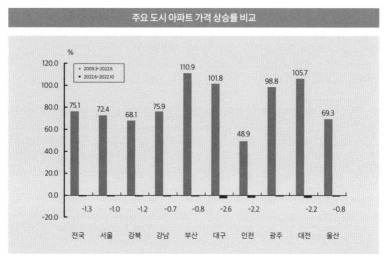

자료: KB국민은행

그러나 2022년 6월을 정점으로 주택 가격은 뚜렷한 하락세로 돌아섰다. 대구에서 시작된 하락이 서울 강남까지 확산하고 있다.

문제는 하락 기간과 하락 폭이다. 이를 보기 위해서는 그동안 주택 가격이 경제 기본여건을 얼마나 과대평가했는지를 살펴볼 필요가 있다. 주택 가격의 거품 정도를 판단하는 지표는 소비자물가, 소득, 월세지수 등이다. 2009년 3월부터 2022년 6월까지 주택 가격은 59.6%, 아파트가격은 75.1% 상승했다. 같은 기간 소비자물가가 29.4% 상승한 것을 고려하면 집값이 물가에 비해서 너무 빠른 속도로 상승했다는 것을 알 수 있다.

아래 차트는 우리나라 실질 집값 추이를 보여준다. 주택 가격이
장기적으로 물가상승률만큼 올랐으나(100 기준) 아파트, 특히 서울 아
파트는 물가보다 훨씬 더 많이 올랐다. 그런데 실질 집값이 2021년
12월을 정점으로 꺾이고 있다. 2022년의 집값 상승률이 물가상승률
을 밑돌고 있다는 의미다. 실제로 2022년 10월 전 도시 주택 가격은
0.3% 상승에 그쳐(아파트 가격은 -0.2%로 오히려 하락) 소비자물가 상승률
인 5.0%에 미치지 못하고 있다.

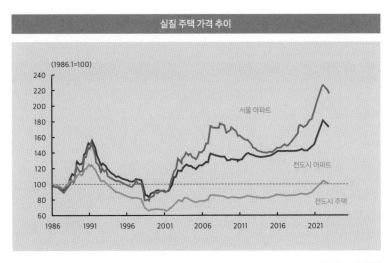

자료: 통계청, KB국민은행

주택 가격의 기준 : PIR, PRR

다음으로 집값이 과대평가되어 있느냐의 여부를 판단하는 지표는 '주택 가격/가구소득'으로 계산되는 'PIR(Price to Income Ratio)'이다. 여기서 가구소득은 통계청 가계동향조사의 분위별 평균 소득이며, 월평균 소득을 연 소득으로 환산한 것이다. 전국 지표의 가구소득은 전국 2인 이상 전 가구 기준이며 주택 가격은 전국 기준이다. 이렇게 계산해보면 2021년 말 전국의 PIR은 7.6이었다. 2008년~2021년의 평균 PIR인 5.5보다 39.3% 높았다.

특히 서울의 경우는 그 정도가 심하다. 2021년 서울 중간소득

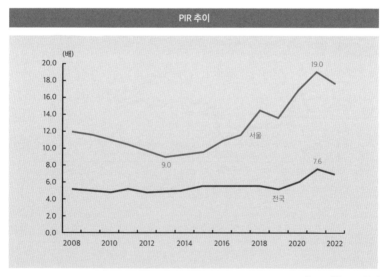

자료: 통계청, KB국민은행

가구의 경우 PIR이 무려 19.0이었다. 이는 서울에서 중간 소득을 가진 가구가 19년 동안 번 소득을 한푼도 쓰지 않아야 중간 가격에 해당하는 집을 살 수 있다는 의미다. 그 정도로 높았던 서울의 PIR는 2022년 6월 17.6으로 낮아졌다. 하지만 아직도 2008년~2021년의 서울 평균인 12.0보다 46.3%나 높은 상태다.

마지막으로 월세(rent)에 비해서 집값이 얼마나 높은가를 보면, 역시 주택 가격 거품 여부를 판단할 수 있다. 이 지표가 바로 'PRR(Price to Rent Ratio)'인데, 구체적으로는 '주택 가격/주택 임차료'로 계산한

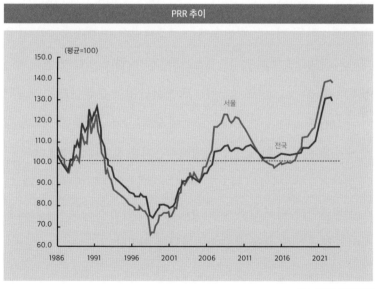

자료: 통계청, KB국민은행

다. 여기서 주택 임차료는 통계청이 작성하는 소비자물가지수의 한 구성 요소를 빌어서 사용했다. 2022년 6월 전국 PRR는 131.3으로 1986년~2021년의 평균 PRR(=100)을 28.3%나 넘어섰다. 특히 아파트 가격은 장기 평균보다 32.1%나 과대평가되었다.

주택 가격을 결정하는 변수

위에서 설명했듯이 소비자물가, 소득, 주택 임차료 등과 견주어 평가해보면 2022년 12월 기준 우리나라의 집값은 30~40% 정도 과대평가 된 셈이다. 그렇다면 앞으로는 얼마나 떨어질까? 아파트 가격을 결정하는 거시경제 변수에는 코스피지수, 가계대출금리, 금융회사의 가계대출액, 동행지수 순환변동치 등이 있다. 이들 변수로 벡터 자기회귀(VAR; Vector Autoregression) 모형을 만들어 분산분해를 해보면 아래 그림과 같다. 분산분해는 모델에 포함된 여러 경제변수가 한 경제 변수의 변동을 어느 정도 설명해주는지를 알아내는 방법이다. 이에 따르면 4개월까지는 아파트 가격 자체가 그 가격 변동을 90% 이상 설명해준다. 다시 말해서, 아파트 가격이 한번 상승세(하락세)로 돌아서면 상당 기간 줄곧 상승(하락)한다는 의미다.

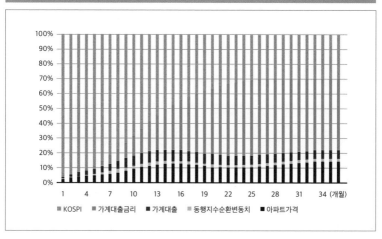

■ KOSPI ■ 가계대출금리 ■ 가계대출 ■ 동행지수순환변동치 ■ 아파트가격

주: 1) 코스피, 가계대출 금리 및 대출금액, 동행지수 순환변동치, 아파트 가격으로 구성된 VAR 모형
2) 분석 기간은 2005.1~2022.8, 적정 시차는 6
자료: 한국은행, 한국거래소, KB국민은행

　　이 모형에 따르면 주가 변동이 12개월 후의 아파트 가격을 10% 이상 설명해주었다. 가계대출금리의 설명력(영향력)은 그다지 크지 않았으나, 가계대출금액은 1년 후의 아파트 가격 변동을 8% 정도 설명해주었다. 그러나 시간이 갈수록 아파트 가격 변동을 설명해주는 변수는 현재의 경기 상태를 대표적으로 나타내주는 동행지수 순환 변동치였다. 이 지표가 12월 후의 아파트 가격 변동을 20%, 특히 24개월 후에는 거의 50%를 설명해주었다. 여기에는 어떤 의미가 담겨 있을까? 아파트 가격의 핵심 결정 요소는 금리가 아니라 경기라는 의미다.

앞서 나는 2023년에는 금리가 하락할 것으로 전망했다. 금리가 하락하면 집값이 오를 것이라는 견해도 따라 나올 것이다. 아래 그림은 주택담보대출금리의 변동과 주택 가격의 변동은 서로 어떤 관계에 있는지를 보여준다. 은행의 가계 주택담보대출금리(가중평균 기준)가 2020년 8월에는 2.39%로 사상 최저치를 기록한 후 2022년 9월에는 4.79%까지 상승했다. 이런 금리 급등이 집값 하락 요인으로 작용한 것은 부인할 수 없는 사실이다. 그러나 일부 구간(2009~10년)에서는 금리가 하락했는데도 주택 가격 상승률이 낮아지거나 마이너스 상태이기도 했다.

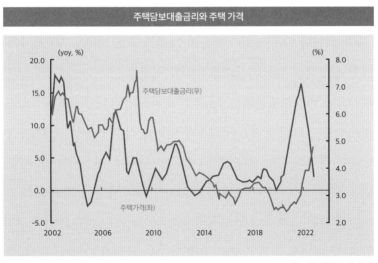

주택담보대출금리와 주택 가격

자료: 한국은행, KB국민은행

앞서 VAR 모형의 분산분해에서 주택 가격을 결정하는 요인으로 금리보다 경기(동행지수 순환변동치)가 더 중요하다고 말했다. 금리가 떨어져도 경기가 나빠지면 주택 가격이 상승하기 어렵다는 이야기다. 따라서 주택 가격을 전망하려면 경기를 보아야 한다. 동행지수 순환변동치는 2020년 5월을 저점으로 2022년 9월까지는 증가했다. 그러나 동행지수 순환변동치에 앞서 가는 선행지수순환변동치는 2021년 6월을 정점으로 하락세를 지속하고 있다. 이로 미뤄보면 동행지수 순환변동치도 조만간 하락할 것으로 전망된다. 머지않아 경기가 수축국면에 들어설 것이라는 이야기다.

1972년 3월에서 2020년 5월까지 11번의 경기순환을 보면 경기

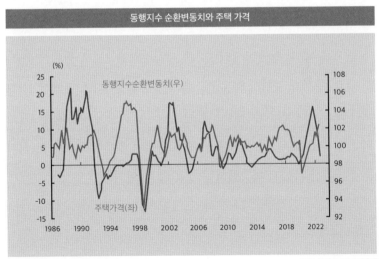

동행지수 순환변동치와 주택 가격

자료: 통계청, KB국민은행

수축 국면은 평균 19개월 계속되었다. 앞으로 2년 정도는 동행지수 순환변동치가 떨어지고 집값도 하락할 가능성이 높아 보인다.

주택 가격보다 더 빠르게 상승하는 주가

집은 삶을 영위하는 데 필수적이다. 따라서 주택 가격을 주가와 맞대놓고 비교하기는 어렵다. 그러나 명목GDP나 광의통화와 비교해 주가는 더 가파른 상승세를 보였다. 장기적으로 코스피 시가총액은 주택 시가총액보다 2배에 가까운 성장세를 보였다. 아래 2개의 차트 중 왼쪽은 코스피 및 주택 시가총액 추이를 명목GDP 추이와 비교한 것이고, 오른쪽은 코스피 및 주택 시가총액 추이를 M2 추이와 비교한 것이다. 1995년 437조 원이었던 명목GDP가 2021년 2,057조 원으로 4.7배 상승한 동안, 주택 시가총액은 832조 원에서 6,534조 원으로 7.9배 증가했으며 코스피 시가총액은 141조 원에서 2,203조 원으로 15.6배나 증가했다. 한편 같은 기간 중 광의통화는 371조 원에서 3,414조 원으로 9.8배 증가했다. 어떤 경우에도 코스피 시가총액이 가장 빠르게 성장했다는 것을 알 수 있다.

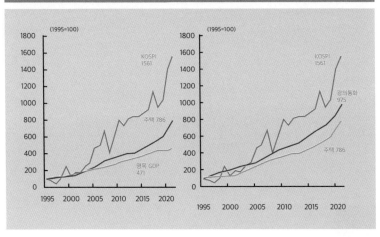

명목GDP와 광의통화, 코스피, 주택시장 시가총액 비교

자료: 한국은행, 한국거래소

주택 가격 지수와 코스피지수를 봐도 같은 결론을 도출할 수 있다. 앞에서 말한 KB국민은행의 주택 동향 발표에서 전 도시 평균 주택 가격은 1986년 1월에서 2022년 10월 사이 6.3배 상승했다. 그러나 코스피는 최근 크게 하락했음에도 불구하고 같은 기간 14.3배나 올랐다.

한국을 대표하는 아파트가 서울 강남 아파트라면 한국 산업을 대표하는 업종은 전기·전자 업종이다. 강남 아파트 가격은 2007년 1월에서 2022년 10월까지 9.3배 올랐다. 삼성전자를 포함한 전기·전자 업종 주가는 같은 기간 82.8배나 상승했다.

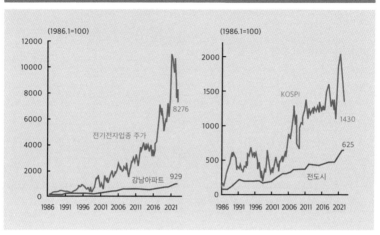

코스피와 주택 가격지수 비교

(1986.1=100)

전기전자업종 주가
8276
강남아파트 929

(1986.1=100)

KOSPI
1430
전도시
625

자료: KB국민은행, 한국거래소

가계 금융자산, 어떻게 구성돼 있나?

가계는 금융자산을 보통 예금, 보험 및 연금, 채권, 주식 등으로 구성한다. 2022년 2분기 개인의 현금 및 예금 비중은 45.6%로 2021년 말의 43.4%보다 살짝 늘었다. 같은 기간 보험 및 연금 비중 역시 30.4%에서 30.7%로 소폭 증가했다. 그러나 채권 비중은 2.3%에서 2.0%로 줄었고, 주식 비중도 23.0%에서 20.7%로 감소했다.

(단위: 조 원, %)

	2018	2019	2020	2021	2022.2Q
금융자산	3,735	3,982	4,533	4,924	4,922
현금 및 예금	1,655	1,783	1,967	2,139	2,246
비중	44.3	44.8	43.4	43.4	45.6
보험 및 연금	1,229	1,308	1,399	1,498	1,510
비중	32.9	32.8	30.9	30.4	30.7
채권	157	142	148	113	98
비중	4.2	3.6	3.3	2.3	2.0
주식 및 투자펀드	675	722	985	1,134	1,020
비중	18.1	18.1	21.7	23.0	20.7

자료: 한국은행

이러한 현상은 미국과 일본에서도 나타나고 있다. 미국 가계의 금융자산 가운데 주식 비중은 2021년 말 53.9%로 역사상 최고치를 기록했다. 그러나 2022년 들어 주가 급락으로 2분기에는 주식 비중이 50.7%로 크게 떨어졌다. 일본 가계의 자산 중 주식 비중도 같은 기간 15.1%에서 14.2%로 낮아졌다.

이처럼 가계 자산 가운데 주식 비중이 낮아진 이유는 높은 인플레이션을 잡기 위한 각국 중앙은행의 금리인상에 있다. 2022년 6월 미국의 소비자물가가 전년 동월 대비 9.1% 상승하면서 1981년 11월(9.6%) 이후 40년 4개월 만에 최고치를 기록했다. 10월에는 물가상승률이 7.7%로 다소 낮아졌지만, 연준이 통화정책 목표로 내세운 2%를 크게 웃돌고 있다. 그래서 연준은 2022년 2월에 0.00%~0.25%였

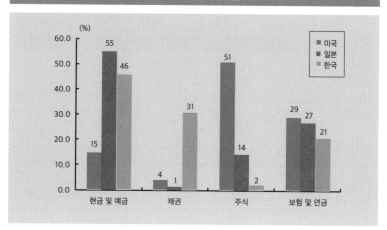

자료: 각국 중앙은행

던 연방기금금리를 11월에는 3.75%~4.00%로 대폭 인상했다. 이에 따라 한국은행도 물가 안정을 위해 지속적으로 기준금리를 인상하고 있다. 2021년 6월 0.50%였던 우리 기준금리는 2022년 11월에는 3.25%로 크게 상승했다.

중앙은행의 금리인상으로 채권과 주식 가격이 큰 폭으로 떨어졌다. 2021년 말 1.51%였던 미국의 10년 국채수익률이 2022년 10월에는 4%를 넘어섰다. 한국의 10년 국채수익률도 2.26%에서 4.63%까지 상승했다. 그만큼 채권 가격이 급락한 것이다. 2022년 들어서 코스피가 10월 말까지 23%나 떨어졌고, 미국의 대표적 주가지수인 S&P500도 19% 하락했다. 채권과 주식 가격 하락으로 가계 금융자산 가운데 이들의(특히 주식의) 비중은 줄어들 수밖에 없었다.

은행예금, 가입해야 하나?

2020년 8월에 고작 0.81%였던 은행의 저축성예금에 붙는 수신금리(가중평균)가 2022년 9월에는 3.38%까지 올라왔다. 2022년 11월에는 일부 은행들이 5% 안팎의 금리를 주는 금융상품까지 판매하고 있다.

앞 장에서 금리를 전망한 것처럼, 2023년 이후에는 금리가 떨어질 가능성이 크다. 우선 금리를 결정하는 가장 기본적 요인이라 할 잠재 경제성장률이 2% 안팎으로 낮아지고 물가상승률도 점차 떨어질 것이기 때문이다. 또한 우리 경제를 전체적으로 보면 저축률이 투자율보다 높아 자금 공급이 수요보다 많다. 갈수록 기업의 자금 수요가 축소되면서 은행이 채권을 살 것이다.

나는 지난 10여 년 동안 은행에 돈을 맡긴 적이 없었다. 그러나 최근 한 은행의 4.5% 금리를 주는 5년 만기 정기예금에 가입했다. 내가 전망하기로는 5년 후 우리 금리는 2% 안팎일 것이다. 현 상황에서는 일부 여유 자금을 은행에 맡기는 것도 꽤 매력적인 투자로 보인다.

채권 비중, 늘려야 할까?

2022년 2분기 개인의 금융자산 가운데 채권 비중은 2.0%에 불과하다. 심지어 2014년의 6.2%를 정점으로 그 비중이 계속 하락하고 있다. 그러나 은행예금과 더불어 채권 비중도 더 늘릴 필요가 있다. 앞서 살펴본 것처럼 앞으로 시장금리가 하락할 가능성이 커서 채권 수익률이 상대적으로 좋기 때문이다.

예들 들면 10년 만기 국고채 수익률은 장기적으로 명목GDP 성장률과 유사하게 움직였다. 우리나라 명목 잠재성장률은 3% 정도로 추정된다. 2022년 11월 현재 4%를 웃돌고 있는 10년 만기 국고채 수익률이 장기적으로는 3% 안팎까지 떨어질 수 있다는 이야기이다.

은행에 예금하면 확정된 금리만 받는다. 그러나 금리 하락 시기에 채권을 사면 이자를 받을 뿐만 아니라 시세차익까지 누릴 수 있다. 금리가 떨어지면 채권 가격은 오르기 때문이다.

주식 비중, 늘려야 할까?

2019년 개인의 금융자산 가운데 주식은 18.1%의 비중을 차지했다. 그러나 2020년에 주가가 급속히 상승하면서 '동학개미운동'이라는 말이 나올 정도로 개인이 주식시장에 뛰어드는 경우가 많아졌다. 이런 추세가 2021년까지 이어지면서 개인의 주식 비중이 2021년 말에는 23.0%까지 상승하면서 2010년의 24.6% 이후 최고치를 기록했다. 하지만 그것도 잠시, 2021년 하반기 이후 주가가 급락하는 가운데 주식 비중도 2022년 6월 말에는 다시금 20.7%로 낮아졌다.

나는 2021년 하반기 코스피가 명목GDP, 일 평균 수출금액, M2 등에 비해 지나치게 과대평가되기 때문에 주식 비중을 줄일 것을 일찌감치 권유했다. 그러나 2022년 들어 이들 경제적 변수에 비해 코스피가 20%~30% 과소평가되었다. 주식 비중을 줄여서는 안 된다는 이야기다.

앞서 은행 예금에도 가입하고 채권 비중을 늘려야 한다고 했다. 여기다가 주식 비중은 늘리라고까지 했다. 그러면 무엇을 줄여야 한다는 말일까? 실물자산 비중이다. 2021년 기준으로 보면 가계 자산 가운데 실물자산 비중이 77.5%로 매우 높다. 특히 부동산이 개인 자산 중 73.0%를 차지하고 있다. 그런데 앞의 주택 가격 결정 요인을 분석하면서 최소한 2년 정도는 집값이 하락할 것으로 내다보았다.

금융자산은 어떻게 배분하는 것이 좋을까? 2022년 11월 기준으로 보면 은행예금 30%, 채권 40%, 주식 30% 정도로 배분하는 것이 좋을 것 같다. 이러한 배분은 경기 국면에 따라 달라질 수 있다. 경기가 확장국면에 접어들면 주식 비중을 과감히 늘려야 하는데, 그 시기가 2년 후쯤 올 전망이다.

국민연금은 왜 해외주식에 집중하는가?

우리는 누구나 월급을 받을 때마다 국민연금에 일정 금액을 내고 있다. 미래에 대한 보장을 바라고 현재의 자산을 투자하는 국민연금은 과연 그동안 잘 운용되어왔을까? 그리고 앞으로도 계속해서 성공적으로 운용될 수 있을까? 모두가 궁금해할 주제일 것이다. 이번에는 개인의 미래를 책임질 국민연금에 관한 이야기를 하고자 한다.

2022년 7월 말 현재 국민연금은 915조 원의 금융자산을 운용하고 있다. 그 규모도 엄청 크거니와, 그 투자의 대상도 주식, 채권 그리고 대체자산에 이를 정도로 다양하다는 것을 아래의 표에서 볼 수 있다. 여기서 대체자산이란 부동산이나 건물, 기업의 지분 등을 의미한다.

한·미·일 개인의 금융자산 배분 비교

(단위: 조 원, %)

	2005	2010	2015	2016	2017	2018	2019	2020	2021	2022.7
금융자산	163.4	323.6	511.7	557.7	621.0	638.2	736.1	833.1	948.1	915.0
증가율	23.3	37.7	20.0	18.8	21.4	14.4	18.5	30.5	28.8	-
채권	141.5	215.1	290.2	302.6	312.7	337.6	351.2	371.0	403.9	384.6
비중	86.6	66.5	56.7	54.3	50.3	52.9	47.7	44.5	42.6	42.0
국내채권	129.5	215.9	268.6	279.3	289.4	311.0	320.8	326.1	340.0	317.0
비중	79.3	66.7	52.5	50.1	46.6	48.7	43.6	39.1	35.9	34.6
해외채권	12.0	13.3	21.6	23.2	23.3	26.6	30.5	44.9	63.9	67.6
비중	7.3	4.1	4.2	4.2	3.7	4.2	4.1	5.4	6.7	7.4
주식	20.4	74.9	164.8	188.0	239.8	221.9	298.8	369.5	422.4	389.7
비중	12.5	23.1	32.2	33.7	38.6	34.8	40.6	44.4	44.6	42.6
국내주식	19.7	55.0	94.9	102.4	131.5	108.9	132.3	176.7	165.8	138.8
비중	12.1	17.0	18.5	18.4	21.2	17.1	18.0	21.2	18.5	15.2
해외주식	0.7	19.9	69.9	85.7	108.3	113.0	166.5	192.8	256.6	250.8
비중	0.4	6.2	13.7	15.4	17.7	17.7	22.6	23.1	27.1	27.4
대체투자	0.8	18.9	54.7	63.7	66.8	76.6	84.3	90.7	119.3	137.8
비중	0.5	5.8	10.7	11.4	10.8	12.0	11.5	10.9	12.6	15.1

주: 시가기준
자료: 국민연금공단

그런데 2022년 국민연금은 주식에 44.1%, 채권에 42.5%, 대체자산에 13.4%라는 비중으로 투자해서 운용한다는 계획을 세우고 있다. 중기 기금운용계획에 의하면 2027년 말에는 주식 비중은 55% 내외로 늘리고 채권 비중은 30% 내외로 줄이기로 했다.

과거부터 지금까지 국민연금의 투자 패턴을 살펴보면 가장 많이 성장한 부문은 해외주식이다. 2006년경에는 국민연금의 투자액 중에서 해외주식이 차지하는 비중이 6.2%였다. 그런데 2022년 27.8%,

구분		2022년 말		2023년 말		2027년 말
		금액(조원)	비중(%)	금액(조원)	비중(%)	비중(%)
주식		445.5	44.1	500.2	46.2	
	국내주식	164.9	16.3	171.9	15.9	55% 내외
	해외주식	280.6	27.8	328.3	30.3	
채권		428.9	42.5	434.1	40.0	
	국내채권	348.1	34.5	347.4	32.0	30% 내외
	해외채권	80.8	8.0	86.7	8.0	
대체투자		135.7	13.4	149.7	13.8	15% 내외
금융부문 계		1,010.1	100.0	1,084.0	100.0	100%

국민연금의 중기 기금운용계획

자료: 보건복지부

2023년 30.3%까지 올릴 계획이니 우리는 국민연금이 어디에 중점을 두고 자산을 운용하는지 알 수 있다.

2022년 10월 코스피 전체 시가총액은 1,810조 원이다. 그런데 이 중에 국민연금이 운영하는 돈이 거의 915조 원에 달한다. 그렇기에 국내주식에서 국민연금의 종목 선택은 항상 큰 반향을 불러오며, 국민연금의 향방은 개인투자자나 기관이 항상 주시하는 지표이기도 하다.

그렇다면 국민연금이 계속해서 국내주식에 투자하는 가운데 시간이 흘렀다고 가정해보자. 지금까지 착실히 국민연금을 내오던 사람들이 정해진 나이에 도달해 연금을 타기 시작할 때가 된다. 이 경우 국민연금이 국내주식에 중점적으로 투자하고 있다면, 그들에게 연금을 주기 위해서는 국내주식을 팔아야 한다. 그러면 자연스럽게 국내 주식시장이 타격을 받을 수밖에 없다. 바로 이런 사정 때문에 국민연금이 국내주식 비중을 줄이고 해외주식 비중을 늘리는 것이다. 그러므로 최근 코스피나 우리 시장이 불안정한데 왜 국민연금이 국내주식의 비중을 줄이고 투자를 적게 하는지를 이해하려면 장기적인 관점에서 바라봐야 한다.

국민연금 운용수익률과 명목GDP 성장률

그동안 국민연금 운용성과는 준수했다. 2000년부터 2021년까지 연평균 수익률은 6.4%였다. 같은 기간 우리나라 명목GDP 성장률이 5.9%를 약간 웃돌았다. 특히 주식투자 수익률로 한정한다면 1988년부터 주식 섹터의 국민연금 연평균 수익률은 11%라는 굉장히 높은 수치를 보여준다. 나는 국민연금이 주식에 투자했기 때문에 이렇게 수익률이 높았다고 생각한다. 물론 국민연금의 펀드 매니저들이 운용을 잘하는 측면도 있겠지만 구조적 측면에서 국민연금의 수익률이 높을 수밖에 없다는 생각이다.

예를 들어서 2022년 국민연금의 국내주식 비중은 정확히 16.3%

다. 그리고 해외주식 비중을 27.8%로 설정했는데, 최근의 주가 하락으로 인해서 현재 보유한 주식의 비중이 미리 설정해놓은 이 비중보다 낮아져버렸다. 그러면 국민연금은 목표 비중을 충족시키기 위해서 주식을 추가로 매입하며, 매달 정기적으로 가입자들에게서 들어오는 연금이 저점 매수의 안정적인 기반이 된다. 결과적으로 국민연금은 낮은 가격에 안정적으로 주식을 매수하는 것이다.

반대로 미래에 주가가 상승하면 어떻게 될까? 국내주식 비중을 16%로 맞추어놓았는데, 주가가 올라 전체 포트폴리오 가운데 차지하는 비중이 17%~18%로 올라가게 될 것이다. 그러면 자연스럽게

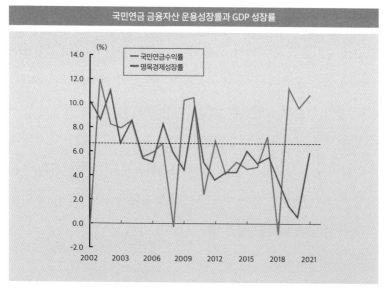

자료: 국민연금공단, 한국은행

높은 가격으로 주식을 일부 매도하여 그 비중을 낮추는 동시에 저절로 괜찮은 수익을 올리게 된다. 그래서 이런 구조적 측면에서 살펴본다면 결국 국민연금은 돈을 벌 수밖에 없는 구조라는 생각이 든다.

국민연금이 맞닥뜨릴 위기

하지만 국민연금이 안고 있는 문제도 만만치 않다. 적립된 국민연금 기금이 2041년에 1,778조 원으로 정점을 찍고 하락해서, 2057

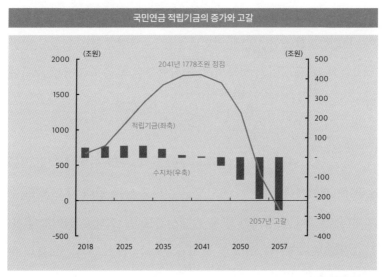

자료: 국민연금재정추계위원회

년이면 고갈된다는 전망이 나오기도 했다. 운용수익률에 따라 고갈 시점이 달라지겠지만, 그 시점이 2년 정도 앞당겨질 것이라는 전망도 나오고 있다. 특히 인구 고령화가 2000년 들어서부터 지금까지 예상해왔던 것보다 더 빠르게 진행되고 있다. 다른 어떤 나라의 경우를 들여다봐도 이렇게 빨리 인구 고령화가 진행되는 나라는 없을 정도다.

2022년부터 우리나라는 65세 이상 인구가 총인구의 20%를 넘는 초고령사회로 접어들었다. 이렇듯 고령화가 신속하게 진행되면, 국민연금을 지탱할 경제활동인구가 줄어드는 것이 가장 큰 문제다. 경제활동인구는 2022년부터 10년 동안 매년 0.7%씩 감소하며, 이후 10년 동안은 무려 1%씩 줄어들 예정이다. 국민연금을 낼 사람들이 바로 경제활동인구인데, 국민연금을 낼 사람들은 줄어들고 받을 사람들은 더 많아지는 형국이라, 국민연금은 빠르게 고갈될 수밖에 없다.

최근 국민연금이 2023년부터 2027년까지의 수익률 목표치를 5.4%로 제시했다. 지난 22년간 평균 수익률 5.9%보다 다소 낮은 수치이다. 우리나라 경제의 명목 잠재성장률은 3%대로 떨어졌다. 이를 고려하면 국민연금의 목표 수익률 5.4%는 결코 낮은 수익률이 아니다. 하지만 인구 고령화의 여파로 국민연금의 수령인이 늘어나고 거꾸로 경제활동인구가 줄어들면, 국민연금의 규모는 갈수록 축소될 수밖에 없다. 이런 상황에서 설상가상으로 수익률까지 함께 낮아진다면 국민연금의 고갈은 더 빠르게 진행될 수 있다.

이런 기금 고갈의 전망은 비단 국민연금에만 해당하는 문제가 아니다. 다른 여러 종류의 연금도 같은 골칫거리를 안고 있다. 알 만한 사람은 이미 알다시피, 공무원 연금이나 군인연금의 적자는 벌써 고질적인 문제가 되고 있으며, 사학연금도 국민연금과 비슷한 시기에 고갈될 전망이다.

지금부터 연금을 '받게 되는' 연령에 이미 도달한 된 사람은 별로 문제가 없다. 받을 나이가 되었음에도 수령 연기를 선택하면 나중에 11~12%를 더 받을 수도 있다. 그러나 지금부터 연금을 꼬박꼬박 '내야 하는' 경제인구가 문제다. 이들도 나중에 국민연금을 받을 수야 있겠지만, 더 내고 덜 받을 수밖에 없는 구조로 바뀔 테니까 말이다. 정부가 인프라와 복지 유지를 위해 쌓여가는 재정적자를 감내하고 있는 일본의 실례를 생각하면, 더 쉽게 이해할 수 있을 것이다. 우리나라 역시 연금을 유지하기 위해서 정부의 재정적자는 계속 늘어나리라 생각한다. 또 젊은 경제활동인구의 저항을 비롯하여 세대 간의 갈등 문제도 만만치 않게 일어날 것이다.

그래서 지금 이 글을 읽는 여러분들은 회사에 다니면서 국민연금을 내는 것에만 안주하지 않았으면 한다. 미래가 불안한 국민연금이 모든 국민의 생활을 확실하게 보장할 수는 없기 때문이다. 그러므로 지금부터 개인연금이나 여러 가지 투자수단을 통해서 미래를 준비하는 현명한 자세가 필요하다.

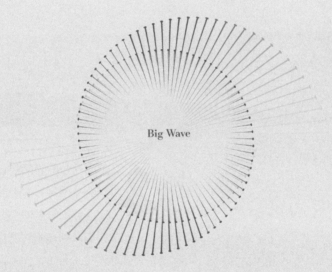

Big Wave

부의 흐름이 보이는 경제 Q&A

Q

금리만 알면 경제 공부를 다 한 거나 다름없다고 책에서 설명해주셨습니다. 금리 이외에 교수님이 가장 중요하게 여기는 지표는 어떤 것이 있고 투자에는 어떻게 적용할 수 있을까요?

A 통계청에서 매월 발표하는 선행지수 순환변동치입니다. 이 지표는 경기를 미리 예측해주고 코스피와도 동행합니다. 2021년 6월 선행지수 순환변동치가 정점을 기록하고 그 후 하락 추세로 돌아섰습니다. 주가도 같은 방향으로 움직이고 있습니다. 제가 가지고 있는 모델로 예측하면 다른 경제 변수들보다 예측 오차도 적습니다.

Q

장·단기 금리의 차이가 5개월 앞선 경제 상황을 알려준다고 말씀해주셨습니다. 그렇다면 장·단기 금리 차보다 더 먼 기간을 내다볼 수 있는 지표가 있을까요? 만약 있다면 실제 투자에 적용할 수 있을지 궁금합니다.

A 장·단기 금리 차보다 경기에 선행하는 지표는 없는 것 같습니다. 저는 거시경제 모델로 1년~2년 후의 경제를 예측하고 있습니다.

Q

역환율전쟁 속에서도 중국과 일본은 다른 모습을 보여준다고 말씀해주셨습니다. 양적 긴축이 대세인 상황에서 양적 완화를 선택하고 있는 이 두 나라의 선택에는 왜 예전처럼 환율조작국이라는 말이 나오지 않는 건가요?

A 미국 경제가 높은 인플레이션율로 어렵기 때문입니다. 미국은 달러 강세를 통해 물가 안정을 도모하고 있습니다. 2023년 미국 경제가 침체에 빠질 가능성이 높은데, 그 경우라면 미국이 중국을 환율조작국으로 지정할 수도 있습니다.

투자에 혼란을 겪는 초보 투자자가 명심해야 할 투자의 태도나 금언에는 어떤
것이 있을까요?

A 자기가 잘 아는 분야에만 투자해야 합니다. 그러기 위해서
는 그 분야에 그만큼 공부하고 전문가가 돼야 한다는 것입
니다. 그리고 꼭 분산투자를 해야 합니다.

Q

유럽연합은 유로존을 흔드는 부실국가를 언제까지 용납할 수 있을까요?

A 2012년 메르켈 전 총리는 그리스 혹은 그리스를 포함한 5
개국(그리스, 아일랜드, 키프로스, 스페인, 포르투갈)의 유로존 탈퇴
유도 계획을 세웠지만, 실행하지는 못했습니다. 유로존은 현
재 유로라는 단일 통화를 쓰고 있으나, 국가별로 경쟁력 차
이가 매우 큽니다. 예들 들면 독일과 그리스입니다. 재정통합까지 가야 유로
가 최종 통합되었다고 할 수 있는데, 거기까지는 멀어 보입니다. 경제가 어려
워지면 다시 '그렉시트'라는 단어가 나올 수 있습니다.

우리나라와 달리, 유럽은 고물가에도 불구하고 유로화가 강세를 유지하는 이유가 무엇인지 궁금합니다.

A 유로 가치도 사실 2021년 하반기 이후 계속 하락하고 있습니다. 2021년 5월 말 유로당 1.2146달러에서 최근에는 1달러 안팎에서 움직이고 있잖아요. 다만 달러를 제외한 다른 통화에 비해서 상대적 강세를 보일 뿐입니다. 2022년 들어 10월까지 엔 가치는 29.2%, 원 가치는 19.8% 하락했지만, 유로 가치는 13.1% 하락하는 데 그쳤습니다. 유로 가치가 상대적으로 덜 떨어진 이유는 달러 다음으로 유로가 안전자산일 수 있기 때문입니다. 2022년 2분기 현재 세계 중앙은행이 보유 중인 외환 가운데 달러가 59.5%, 유로가 19.8%를 차지하고 있습니다.

Q

과거에는 영국이 금융 허브로 손꼽혔지만, 브렉시트 이후 그 영향이 많이 축소된 느낌입니다. SDR 통화 바스켓에서 영국 파운드가 빠질 가능성이 있을까요?

A

브렉시트 이후 영국으로 직접투자나 증권투자 자금이 덜 들어가면서 영국 경제 성장률이 장기적으로 낮아질 가능성이 커졌죠. 그러나 세계 중앙은행의 외환보유액 중 파운드가 차지하는 비중이 2010년 3.9%에서 2022년 2분기에는 4.9%로 증가했습니다. 물론 달러나 유로 비중이 줄어든 상대적 영향 때문입니다. (같은 기간 달러 비중은 62.2%에서 59.5%, 유로 비중은 25.8%에서 19.8%로 축소) 당분간 파운드가 SDR 통화 바스켓에 남아 있을 것 같습니다.

SDR 통화 바스켓에서 위안화의 대두가 눈에 띕니다. 엔이나 파운드, 유로는 비중을 잃는 모습을 보여줬는데 이 현상은 한동안 계속 이어질까요?

A 중국 경제 규모를 볼 때 위안화 비중은 지속적으로 증가할 것입니다. 중국 GDP가 세계에서 차지하는 비중이 2000년의 3.5%에서 2021년 18.1%로 급증했습니다. 빠르면 2029년에 23%로 미국을 앞지를 가능성이 큽니다. 세계 중앙은행 외환보유액 중 중국 비중이 2016년 1.1%에서 2022년 2분기에 2.9%로 증가했는데, 이런 추세에 속도가 붙을 전망입니다.

Q

중국의 출산율이 떨어지고 있습니다. 지금까지 중국 경제를 견인한 요소 중 하나가 인구라는 점을 고려할 때, 중국의 근간이 흔들리는 것은 아닐까요?

A 중국 경제는 구조적으로 두 가지 문제가 있습니다. 하나는 고성장 과정에서 기업 부채가 세계에서 가장 높은 나라 중 하나라는 점이죠. 다른 하나는 출산율 하락에 따른 노동 증가세 둔화입니다. 이 두 가지 문제로 중국 경제의 10% 안팎 고성장 시대는 마무리되고, 4%~5%의 중성장 시대로 접어들고 있습니다. 그러나 최소한 5년 정도는 1인당 국민소득 1만 달러를 돌파한 14억 소비 인구가 있기 때문에 극단적 침체나 위기에 빠질 가능성은 낮아보입니다.

중국의 '제로 코로나' 정책이 끝나고 봉쇄가 풀리면 우리나라 수출에도 반등이 찾아올 수 있을까요?

A 한국의 수출에서 중국이 차지하는 비중이 2000년 10.7%에서 2021년에는 25.3%로 급증했습니다. 이후 2022년 10월까지는 23.1%로 낮아졌습니다. 중국의 봉쇄 영향도 있지만, 중국이 우리나라에서 수입하는 상품 일부를 국내에서 대체하고 있기 때문이기도 하죠. 록다운이 풀리면 대중국 수출이 증가할 수 있지만, 그렇다고 중국의 비중이 25% 이상으로 갈 가능성은 낮아 보입니다. 대신 아세안 수출 비중이 2000년 11.7%에서 올해 10월까지 18.5%로 늘었고, 이러한 추세는 지속할 것으로 보입니다.

Q

일본의 중앙은행이 이번 경기위기를 맞아서 수익률통제정책(YCC), 아베노믹스를 포기할 가능성이 있을까요? 만약 그렇다면 엔화가 급등할지 궁금합니다.

A 소비자 물가상승률이 계속해서 2%를 넘어선다면 YCC 정책을 포기할 수 있습니다. 그러나 대부분의 전망 기관이 2023년, 2024년 물가상승률을 1%대로 내다보고 있어요. 엔화 가치는 지나치게 저평가된 상태이기 때문에 정상화하는 과정에서 앞으로 오를 수 있습니다. 국제결제은행에 따르면 2022년 10월 현재 42%나 저평가된 상태입니다.

Q

지나치게 저평가된 일본의 엔화에 대해 긍정적으로 말씀해주셨는데, 엔화가 반등하기 위한 일본의 호재로 어떤 것들을 높이 평가하시나요?

A 일본 경제에 특별한 호재는 딱히 없습니다. 단지, 장기간 디플레이션에서 탈피할 조짐은 나타나고 있습니다. 지나치게 저평가된 엔이 정상으로 돌아가는 과정에서 어느 정도 가치가 상승할 것입니다.

Q

교수님이 설명해주신 GDP에서 일본의 비중이 축소되고 있었습니다. 그렇다면 엔화가 오를 만한 여지가 없는 것이 아닐까요?

A 세계 GDP에서 일본 비중은 1994년의 17.9%에서 2021년에는 5.1%로 축소되었습니다. 앞서 말씀드린 것처럼 저평가되었기 때문에 정상으로 돌아가면서 얼마간 오를 것입니다. 미국 경제가 2023년에 침체에 빠지면서 달러 가치가 하락하고, 이는 엔 강세 요인으로 작용할 전망입니다.

Q

「이코노미스트」의 빅맥지수를 살펴보면 일본이 우리나라보다 낮은 순위에 있습니다. 2000년 이후 일본의 순위는 꾸준히 하락하고 있는데, 일본의 경제가 반등할까요?

A IMF의 구매력 기준 1인당 GDP를 보면 2021년 우리나라가 48,309달러로 일본(44,935달러)보다 높습니다. 2018년부터 이러한 현상이 나타났고, IMF 전망에 따르면 그 격차가 2027년까지도 더 확대될 것으로 보고 있습니다. 현 달러 기준으로 1994년에 일본 GDP가 세계에서 차지하는 비중이 1994년 17.9%였는데, 2021년에는 5.1%로 추락했습니다. IMF는 이 비중이 더 떨어져 2027년에는 4.6%까지 낮아질 것으로 보고 있습니다.

미국 연방준비제도에 이어 유럽중앙은행이나 캐나다 중앙은행의 경우 고강도의 금리 인상을 발표했습니다. 한국은행이 금리를 올린다면 얼마나 올리게 될까요?

A 한국은행의 기준금리가 2021년 7월 0.5%에서 2022년 11월 현재 3.25%까지 인상되었죠. 참고로 2022년 11월에 한국은행은 2022년과 2023년 소비자물가상승률을 각각 5.1%와 3.6%로 전망했는데, 이는 통화정책의 목표 2%를 훨씬 넘어선 수준입니다. 이런 전망을 고려하면 한국은행이 추가로 금리를 올릴 가능성이 커 보입니다. 그러나 2022년 하반기부터 경기가 본격적으로 위축되고 2023년 상반기에는 우리 경제가 수출이 감소하면서 마이너스 성장할 전망입니다. 이에 따라 기준금리는 3.50%까지만 올리고 중단할 것으로 내다보입니다.

불황을 전망하고 기업들이 부정적 컨센서스나 현금성 자산을 쌓아두는 선택을 하고 있습니다. 이런 선택 탓에 경기둔화나 침체가 더 심해질까 걱정하는 이들이 많습니다. 어떻게 생각하시나요?

A 한국은행 자금순환에 따르면 2022년 6월 말 현재 우리 기업이 941조 원을 현금성 자산으로 가지고 있습니다. 사상 최고치입니다. 그만큼 미래에 불확실성이 높고 투자할 데가 마땅치 않다는 것입니다. 한국은행 경제전망(2022.11)을 보아도 2022년 설비투자가 전년에 비해 2.0% 감소하고 2023년에도 3.1% 줄어들 것으로 나타나 있습니다. 저는 2023년 상반기에 글로벌 경제가 침체에 빠질 것으로 보고 있는데, 그렇다면 기업의 설비투자는 예상보다 더 줄어들 수 있습니다.

투자를 시작하기 전에 꼭 공부해야 할 것을 꼽으신다면 어떤 것이 있을까요?

A 큰 부자들은 "시대의 흐름에 당하지 말자"라는 말을 합니다. 특히 거시경제의 흐름을 아는 것이 매우 중요합니다. 예를 들면 통계청에서 발표하는 선행지수 순환변동치 같은 지표는 투자할 때 꼭 보아야 한다는 것입니다. 2022년 6월 선행지수 순환변동치가 정점을 치고 떨어졌으며, 그 이후 코스피도 30% 정도 하락했습니다.

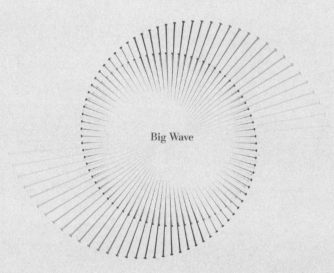

Big Wave

2부

확실한 경기 전망으로
기회를 잡아라

Big Wave

자본주의 생태가 작동하는 방식을 아는가? 여러 산업이
쇠퇴하고, 오래된 기업들은 시들며, 젊은 기업들이 일어나서
이를 대체하는 것이다.이 과정은 많은 이들에게 힘들지만
궁극적으로 건전한 것이다.

- 피터 린치 (Peter Lynch) -

1

투자의 신호를 읽는 경기순환

경기순환이란?

경기순환은 경기라는 총체적인 경제활동이 경제의 장기 성장추세를 중심으로 상승과 하강을 반복하며 성장하는 현상을 의미한다. 우리가 경기를 명확하게 관찰하기 위해서는 기본적인 용어와 개념들을 확실하게 알고 있어야 한다. 기본적인 개념부터 정의해보자. 경기가 가장 나쁠 때를 경기 저점이라 부르고, 반대로 가장 좋을 때를 정점이라고 한다. 저점에서 정점으로 나아가는 시기를 경기 확장국면으로 부른다. 그리고 경기가 정점에 이르렀다면 다시 하강을 시작하게 되는데, 이렇게 정점에서 저점으로 진행되는 것을 수축국면이라 부르며 이런 확장과 수축을 합쳐서 하나의 순환주기를 만든다.

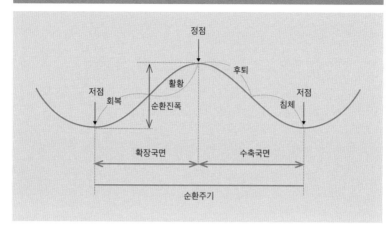

경기순환

저점 회복 순환진폭 활황 정점 후퇴 저점 침체

확장국면 수축국면

순환주기

자료: 한국은행

한 걸음 더 나아가 보자. 경기를 네 단계로 분류하는 방법에서는 저점에서 경기가 조금 좋아질 때를 회복국면, 경기가 아주 좋아질 때를 활황국면으로 분류한다. 반대로 경제가 정점을 찍고 나빠지기 시작할 때를 후퇴국면, 몹시 나쁠 때는 침체국면으로 분류한다. 그리고 저점과 정점의 차이를 순환진폭이라고 부른다. 이런 기본적인 용어를 알아야 앞으로의 내용을 이해하는 데 도움이 되리라 생각한다.

복잡한 흐름 속 저점과 고점

기준순환일이라는 용어가 있다. 이 기준순환일은 경제 전체의 순환변동에서 전환이 발생하는 경기 전환점을 말한다. 구체적으로 우리나라 통계청은 경기 저점과 정점이 언제였는지를 사후적으로 발표하며, 정확한 저점과 정점을 산출하기 위해서 동행지수 순환변동치 같은 다양한 경제지표와 전문가의 견해를 고려해서 발표하고 있다.

순환	기준순환일			지속기간(개월)			비고
	저점	정점	저점	확장	수축	주기	
제1순환	1972.3	1974.2	1975.6	23	16	39	—72년 새마을 운동 —73년 1차 석유파동
제2순환	1975.6	1979.2	1980.9	44	19	63	—중동건설 붐 —제2차 석유파동
제3순환	1980.9	1984.2	1985.9	41	19	60	—사회, 정치적 환란에서 탈피
제4순환	1985.9	1988.1	1989.7	28	18	46	—3저 현상, 서울 올림픽
제5순환	1989.7	1992.1	1993.1	30	12	42	—신도시 건설
제6순환	1993.1	1996.3	1998.8	38	29	67	—일부 중화학 공업 호조
제7순환	1998.8	2000.8	2001.7	24	11	35	—세계 경제의 IT붐 —저금리와 내수 증가
제8순환	2001.7	2002.12	2005.4	17	28	45	—소비의 급등과 급락
제9순환	2005.4	2008.1	2009.2	33	13	46	—대중 수출의 급등과 둔화 —2008년 글로벌 금융위기
제10순환	2009.2	2011.8	2013.3	30	19	49	—선진국의 재정 및 통화 확대 정책
제11순환	2013.3	2017.9	2020.5?	54	32	86	—코로나19 충격
제12순환	2020.5?	2022.2?		21?			
평균				33	19	52	

주 : 평균은 1~11순환 기준
자료 : 통계청

이 기준순환일은 현재 공식적으로는 제1순환부터 제10순환까지 발표됐다. 가령 제1순환 저점은 1972년 3월이다. 1972년 3월에 저점을 찍고 1974년 2월 정점에 도달할 때까지 23개월의 확장국면을 확인할 수 있다. 이후 경기가 정점을 치고 다시 나빠지는 제1순환의 수축국면은 16개월 동안 지속했다. 앞서 말한 것처럼 확장과 수축을 합쳐 하나의 순환주기를 이루기 때문에 우리 경기가 39개월 동안 하

순환	기준순환일			지속기간(개월)		
	저점	정점	저점	확장	수축	주기
제1순환	1951.10	1954.1	1954.11	27	10	37
제2순환	1954.11	1957.6	1958.6	31	12	43
제3순환	1958.6	1961.12	1962.10	42	10	52
제4순환	1962.10	1964.10	1965.10	24	12	36
제5순환	1965.10	1970.7	1971.12	57	17	74
제6순환	1971.12	1973.11	1975.3	23	16	39
제7순환	1975.3	1977.1	1977.10	22	9	31
제8순환	1977.10	1980.2	1983.2	28	36	64
제9순환	1983.2	1985.6	1986.11	28	17	45
제10순환	1986.11	1991.2	1993.10	51	32	83
제11순환	1993.10	1997.5	1999.1	43	20	63
제12순환	1999.1	2000.11	2002.1	22	14	36
제13순환	2002.1	2008.2	2009.3	73	13	86
제14순환	2009.3	2012.3	2012.11	36	8	44
제15순환	2012.11					
평균				36	16	52

자료: ESRI(https://www.esri.cao.go.jp/)

나의 순환을 마친 것이다. 마지막 기준순환일 발표 이후 아직 통계청의 공식적인 발표는 없었다. 하지만 개인적으로 제12순환의 정점은 2022년 2월이었다고 생각한다. 그 이후는 수축국면이 진행되고 있다고 판단하면 된다.

우리나라뿐만 아니라 외국의 경기순환 역시 유심히 지켜봐야 할 요소다. 우리가 소위 '잃어버린 10년'으로 인식하는 일본의 90년대 경기는 장기적인 수축국면 속에서도 단기적으로는 저점과 정점의 사이클을 보여주기 때문이다.

경기순환에서 가장 중요한 특징은 확장국면이 수축국면보다 훨씬 더 길다는 것이다. 우리나라 의 순환을 살펴보면 확장국면의 평균은 33개월이었던 반면, 수축국면의 평균은 19개월이었다. 확장국면이 수축국면보다 길다는 것은 경기가 좋아질 때는 오랫동안 서서히 좋아지고 나빠질 때는 빨리 나빠진다고 이해할 수 있다. 일본의 평균 역시 확장국면이 36개월, 수축국면이 16개월로 우리나라와 거의 비슷한 모습을 보여준다.

미국의 경기순환은 어떤 모습일까? 미국의 확장국면은 우리나라와 일본보다 확실히 길다는 것을 알 수 있다. 미국의 평균 경기 확장국면은 48개월에 달하며 수축국면은 14개월에 불과하다. 이렇

순환	경기저점	경기정점	수축국면	확장국면	순환주기
제1순환	1900.12	1902.9	18	21	39
제2순환	1904.8	1907.5	23	33	56
제3순환	1908.6	1910.1	13	19	32
제4순환	1912.1	1913.1	24	12	36
제5순환	1914.12	1918.8	23	44	37
제6순환	1919.3	1920.1	7	10	17
제7순환	1921.7	1923.5	18	22	40
제8순환	1924.7	1926.1	14	27	41
제9순환	1927.11	1929.8	13	21	34
제10순환	1933.3	1937.5	43	50	93
제11순환	1938.6	1945.2	13	80	93
제12순환	1945.1	1948.11	8	37	45
제13순환	1949.1	1953.7	11	45	56
제14순환	1954.5	1957.8	10	29	39
제15순환	1958.4	1960.4	8	24	32
제16순환	1961.2	1969.12	10	106	116
제17순환	1970.11	1973.11	11	36	47
제18순환	1975.3	1980.1	16	58	74
제19순환	1980.7	1981.7	6	12	18
제20순환	1982.11	1990.7	16	92	108
제21순환	1991.3	2001.3	8	120	128
제22순환	2001.11	2007.12	8	73	81
제23순환	2009.6	2020.2	18	128	146
제24순환	2020.4		2		
평균			12	48	62

NBER(https://www.nber.org/)

게 미국의 경기 확장국면이 긴 이유는 아주 긴 세 번의 확장국면 때문이다. 1960년대 베트남 전쟁 때 106개월, 1990년대 정보통신혁명 때 120개월에 달하는 굉장히 긴 확장국면이 있었다. 2020년 코로나19가 오기 전 과감한 재정 및 통화정책의 영향으로 역사상 가장 긴 128개월의 확장국면도 있었다. 각국의 차이를 이해하고 현명하게 기준순환일을 사용했으면 한다.

경기순환을 읽는 방법

경기순환의 일반적 특징을 간단하게 살펴보자.

1) 경기가 좋아질 때는 생산, 소비, 투자가 모두 증가한다.

2) 내구재 생산의 진폭은 비내구재의 생산 진폭보다 크다. 내구재는 한 번 사면 오랜 기간 동안 사용하는 물품을 말한다. 대표적으로 자동차나 TV, 냉장고 등 가전제품을 생각하면 좋다. 이런 고가 물품의 소비는 어떨 때 활발할까? 경기가 좋아서 기업 이익이 증가하고 우리에게 구매력이 생겼을 때 활발하게 소비된다. 그래서 경기가 좋을 때 내구재 수요가 많이 늘어나고 반대로 경기가 나쁠 때는 전체 경기의 둔화에 비해 더 큰 감소세를 보인다.

3) 경기에 순응적인 내구재와는 달리 농산물과 천연자원의 생산 활동은 경기와 다른 움직임을 보일 때도 있다. 특정 시점에 계란 가격이 폭등하는 사례에서도 알 수 있듯이, 경기와 해당 자원들의 관련은 희박하다. 물론 경기가 좋아지면 수요가 늘어나서 가격이 올라갈 수도 있지만, 질병이나 가뭄, 전쟁 같은 특정한 현상이 있다면 경기가 나쁠 때도 가격이 올라갈 수 있다.

4) 기업 이윤은 경기와 같이 움직이나 그 변동 폭이 매우 크다. 예를 들어서 삼성전자 같은 기업의 영업이익을 보면 경기가 좋을 때는 17조~18조 원의 분기 영업이익을 내지만, 경기가 나쁠 때는 4~5조 원으로 이익 규모가 크게 줄어들기도 한다.

5) 물가는 대체로 경기에 순응한다. 물가는 경기와 거의 같은 방향으로 움직인다는 뜻이다. 일반적으로 경기가 좋으면 소득이 늘면서 수요가 증가하고, 물건을 많이 사니까 물가도 오를 수밖에 없다.

6) 단기 이자율은 경기에 순응하지만, 장기 이자율은 그 정도가 낮다. 경기가 좋으면 단기적으로 소비와 투자가 늘어나고 통화정책 당국이 금리를 올리기 때문에 단기 금리는 오를 수밖에 없다. 하지만 금리를 올리면 올릴수록 미래의 기대 소득이나 투자가 줄기에 장기 금리는 횡보하거나 떨어지는 모습을 보여준다.

7) 통화량, 통화 유통속도, 수출입 물량 모두 경기에 순응한다. 세계 경기가 좋다면 수출이 활발해지고 수출 주도형인 우리나라 경제도 활력을 얻는다. 그렇다면 자연스럽게 수입이 늘어나고 소비도 늘어서 시장에 유통되는 통화량이 늘어나게 된다.

8) 실업률, 기업 도산율, 어음 부도율 등은 경기와 거꾸로 움직인다.
상기한 내용의 정반대로 생각하면 이해하기 쉬울 것이다.

9) 경기의 확장국면은 길고 완만하지만, 수축국면은 짧고 급격한 모습을 보여준다

경기가 바뀌는 이유 : 시간의 흐름과 산업의 전환

경기변동은 기간에 따라서 세 가지로 분류할 수 있다.

먼저 가장 긴 시간을 다루는 장기 파동인 콘드라티예프 파동 (Kondratiev wave)이다. 이 개념은 소련의 경제학자 니콜라이 콘드라티예프(Nikolai D. Kondratiev)가 영국과 미국, 독일, 이탈리아의 도매물가지수와 이자율, 그리고 생산량을 가지고 정립한 50년 주기의 경기순환

을 일컫는다. 이 이론의 핵심은 이렇게 요약할 수 있다. "자본주의 경제는 장기적으로 파동을 그리며 상승과 하강을 순환한다." 또한 기술 혁신과 신자원 개발을 경기변동 요인으로 여긴다. 그의 이론을 따르면 1차 파동은 18세기 영국의 산업혁명에서 시작했고, 2차 파동은 철강, 철도의 확산으로 인한 기술혁명, 3차 파동은 석유나 자동차, 전기로 인한 기술혁명에서 시작했다. 앞으로 다가올 4차 파동은 인공지능이나 빅데이터가 만드는 제4차 산업혁명이 촉발할 것으로 생각한다.

그 다음으로 9~10년 주기의 중기 파동인 쥐글라 파동(Juglar cycle)이 있다. 프랑스의 경제학자 클레망 쥐글라(Clement Juglar)는 은행 대출의 숫자, 이자율과 물가에 대한 통계에서 9년~10년을 주기로 하는 파동을 발견했다. 이 이론은 투자변동을 중심으로 투자를 수반하는 생산이나 고용, 물가의 변동을 다루고 있지만, 설비 투자를 이끄는 기술 혁신과 설비투자의 순환 기간이 10년이라는 규칙을 가지고 있다는 설명이 핵심이다.

마지막으로 단기 파동인 키친 사이클 혹은 키친 순환(Kitchin cycle)은 미국의 경제학자 조셉 키친(Joseph Kitchin)이 1890년~1922년 동안 미국과 영국의 어음교환, 도매물가와 이자율의 변동으로 40개월 주기의 단기 파동이 있다는 것을 밝혀냈다. 이 파동은 재고 투자의 변동을 중심으로 경기의 변동을 설명했다.

경기의 변동에 대해 알아봤으니 이제는 경기지표를 이처럼 변동하게 만드는 요인에 관해서 설명하고자 한다. 예컨대 경기지표를 공부한다면 계절요인을 반드시 알아야 한다.

D = S × I × T × C
D : 데이터 / S : 계절 / I : 불규칙 T : 추세 / C : 순환

위의 공식이 암시하는 것처럼, 일반적으로 모든 경기지표의 데이

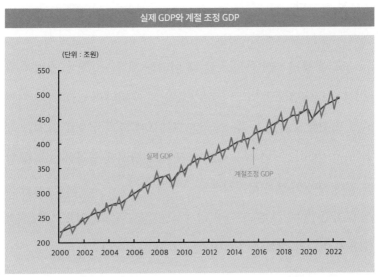

실제 GDP와 계절 조정 GDP

자료: Federal Economic Data

터에는 계절 요인, 불규칙 요인, 추세 요인, 순환 요인의 네 가지 요인이 포함되어 있다. 우선 계절 요인이라는 것은 계절에 따라 특정 경제활동의 증감이 발생하는 것이다. 대표적으로 우리나라의 GDP를 생각하면 된다.

그래프의 붉은 선은 한국은행에서 발표하는 원계열 GDP다. 그래프에서 나타나는 모습은 톱니처럼 상승과 하락을 보여주는데, 이는 우리나라 GDP가 4분기에 상승해서 1분기에 하락하기 때문이다. 이런 변화의 원인은 GDP의 3% 정도를 차지하는 농산물이다. 농산물은 대부분 4분기에 중점적으로 수확하고 1분기의 수확은 거의 없어서, 4분기와 1분기의 급격한 차이를 만든다. 이런 것들을 계절 요인으로 부른다.

한국은행은 GDP를 발표할 때 이러한 계절 요인을 조정해서 발표한다. 2008년 글로벌 금융위기로 인해 우리나라 GDP가 일시적으로 감소한 모습도 볼 수 있지만, 그래프에 파란 선으로 표시한 계절 조정 GDP를 보면 실제 GDP와 달리 완만하게 증가하는 것을 알 수 있다. 한국은행은 장기적으로 추세적인 상승을 보여주는 계절 조정 GDP를 통해 전 분기 대비 경제성장률을 구하고 있으므로, 실제 GDP가 아니라 계절 조정 GDP를 발표하는 것이다.

다음으로 알아볼 것은 불규칙 요인이다. 갑작스러운 전염병이나 자연재해가 발생하면 소비와 생산이 급격하게 위축되는 모습을 보인다. 이러한 일시적인 요인으로 경제의 부침을 만드는 것을 불규칙 요인이라고 부른다.

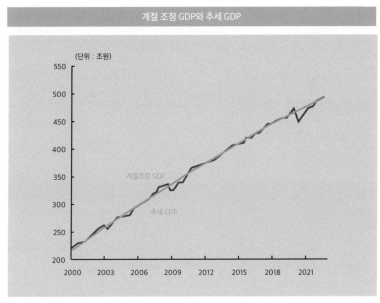

계절 조정 GDP와 추세 GDP

주: 추세 GDP는 Hodric-Precott 필터로 구한 것

자료: 한국은행

앞서 말했던 계절 조정 GDP를 구하기 위해서는 계절 요인과 불규칙 요인을 제거해야 한다. 그러면 데이터에는 추세와 순환이라는 요인만 남는다. 먼저 추세 요인은 인구증가, 자본축적, 기술진보 등에 의한 장기적인 변동이며 시간이 흐를수록 장기적으로 증가한다.

하지만 단순히 증가하는 모습을 본다면 경기의 전환을 파악할 수 없기에 통계적 기법을 사용해 추세 GDP를 구해서 계절 조정 GDP와 대조했다.

이 추세 GDP까지 제거한다면 마지막으로 남는 것은 순환 요인이다. 추세 요인은 시간이 지나면 보통 GDP를 증가시키는데, 이런 추세 요인을 제거하여 실제로 경기의 움직임에 따른 변동 요인만을 따지는 것을 순환 요인이라고 한다. 이 사이클을 보고 이 사이클이 올라가면 경기가 좋아진다든가. 이 사이클이 떨어지면 경기가 나빠진다고 볼 수가 있다.

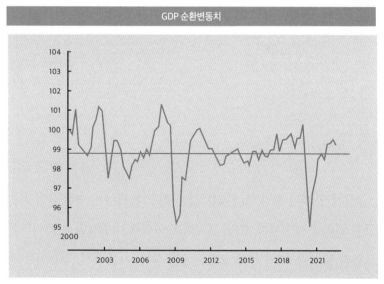

자료: 한국은행, 김영익경제연구소

마지막으로 한 번 요약해보자. 모든 경제지표에는 계절 요인, 불규칙 요인, 추세 요인, 순환 요인이 있으며 계절 조정에서 비경기적 요인인 계절 요인과 불규칙 요인을 제거하고 추세 요인이나 순환 요인, 또는 순환변동치를 이용해서 경기 분석을 할 수 있다.

GDP는 자본, 노동력, 그리고 당신이 그 둘을 얼마나
생산적으로 사용하는지의 함수이다.

- 기타 고피나트 (Gita Gopinath) -

2

물가와 소비를 읽는 GDP

설령 경제에 관심이 없더라도 자주 들어서 누구에게나 친숙한 지표, 모든 판단의 기본이 되면서도 사실은 심오한 지표가 국내총생산(GDP; Gross Domestic Product)이다. 지표의 사용법을 논하기 전에 우선 그 개념을 확실하게 알아보자. GDP는 한 나라의 가계, 기업, 정부 등 모든 경제주체가 일정 기간 새로이 생산한 재화, 서비스, 시장 가치를 금액으로 표시한 것이다. 이 GDP는 생산과 지출, 그리고 분배의 세 가지 측면에서 작성된다.

생산 측면의 GDP

생산 측면의 GDP는 부가가치 접근법이라고 말하는, 각 산업에서 창출한 부가가치의 합이다. 생산 측면 GDP를 쉽게 설명하기 위해서, 밀이라는 원자재가 빵으로 만들어져서 우리의 손에 들리기까지를 생각해보자. 200원어치의 밀이 제분업자에게 팔리고, 이 제분업자는 그 밀을 밀가루로 가공해서 300원에 제빵업자에게 팔았다. 그리고 다시 제빵업자는 밀가루로 빵을 만들어서 소매상에게 450원에 팔고, 우리가 소매상에게 600원에 빵을 구매했다고 가정해보자. 그러면 이 과정에서 부가가치는 얼마나 창출되었을까?

200원어치의 밀을 밀가루로 만드는 과정에서 300원이 됐다면 100원의 부가가치가 늘어난 것이다. 이 밀가루가 빵으로 만들어지면서 450원이 됐다면 부가가치는 150원이 늘었고, 최종적으로 소매업자에게 600원이라는 가격에 거래되며 추가로 150원의 부가가치가 늘어 최종 생산물의 시장 가치 600원이 GDP가 되는 것이다. 이는 부가가치의 총합과도 같다.

생산 측면 GDP의 예시			
생산단계별 산업	매출액	타 산업으로부터 매입액	부가가치=생산 (임금, 이윤, 집세 등)
밀 재배업	200	0	200
제분업	300	200	100
제빵업	450	300	150
빵 소매업	600	450	150
계	1,550	950	600

지출 측면의 GDP

지출 측면의 GDP는 GDP를 설명하기 위해 가장 많이 사용하는 개념으로 최종생산물 접근법 혹은 지출 접근법으로 부른다.

> GDP = C + I + G + X - M
> C : 민간 소비 / I : 기업 투자 / G : 정부 지출 / X : 수출 / M : 수입

민간 소비(C)와 기업의 투자(I), 그리고 정부의 지출(G)을 합한 값에다 수출액을 더하고 수입액을 빼면 지출 측면의 GDP가 나오게 된다.

분배 측면의 GDP

모든 기업이 생산하는 부가가치는 결국 노동자, 주주, 기업가들에게 임금, 배당, 이윤이라는 형태로 나누어지고 분배된다. 각각의 측면에서 나오는 값을 계산하면 결국 같은 수치를 나타내기 때문에, 이를 삼면 등가의 원칙이라고 부르기도 한다. 이처럼 분배소득 접근법에 의해 계산되는 것이 분배 측면의 GDP라고 할 수 있다.

명목GDP와 실질GDP

책의 다른 부분에서도 설명하고 있지만, GDP는 경제를 이해하는 데 가장 기본이 되는 지표이기에 여기서 다시 정리하려고 한다. 먼저 GDP의 여러 가지 개념이 있지만, 무엇보다 명목GDP와 실질GDP는 확실하게 구분해야 한다.

명목GDP는 물가의 변화까지 고려한 개념이어서, 명목GDP를 구하려는 연도의 물가에다 그 해의 최종생산량을 곱해서 구할 수 있다. 반면, 실질GDP는 기준연도(2015년)의 물가에다 실질GDP를 구하는 해의 최종생산량을 곱해서 구한다. 조금 더 단순하지만 구체적으로 설명하겠다. A 자동차 회사가 작년에 100원짜리 자동차를 100대 생산했다고 가정하자. 올해 이 회사가 가격에 변함이 없는 100원짜리 자동차를 105대를 생산했다면, GDP는 작년의 1만 원에서 올해 1만 500원으로 5% 증가했고, 따라서 경제가 5% 성장했다고 말할 수 있다. 이것이 실질GDP의 개념이다. 그러나 명목GDP는 가격 변화까지 고려해야 한다. 예를 들어서 이 회사의 자동차 가격이 작년에는 100원이었는데 올해 105원으로 5% 올랐다고 치자. 여기에다 생산량도 5% 늘었다면 실질 GDP로는 5% 성장했지만, 가격이 5% 올랐기 때문에 명목GDP 개념으로는 10% 성장한 것으로 본다. 대부분 물가는 추세적으로 상승하기에 물가를 반영하는 명목GDP는 실질GDP보다 높은 경우가 많다.

그렇기에 명목GDP가 실질GDP보다 더 낮은 경우는 매우 특별하다. 이는 당연히 물가가 떨어질 때 나타난다. 예를 들어서 A 자동차의 생산이 100대에서 105대로 증가했지만, 가격이 5% 오른 것이 아니라 5% 떨어졌다고 가정하자. 이럴 경우의 실질GDP는 1.5% 성장했지만, 생산이 5% 늘어나고 물가가 5% 떨어졌으니까 명목GDP는 0% 성장을 기록한다. 이런 경우를 디플레이션이라고 말한다. 여기서 디플레이션의 의미를 좀 더 간단히 짚어보겠다.

물가가 떨어지면 소비는 어떻게 변할까? 경제학 교과서에서는 일반적으로 물가가 떨어지면 실질 소득이 늘어나 소비가 늘어난다고 말한다. 하지만 물가가 계속 하락한다면 오히려 소비는 위축돼버린다. 필수재가 아니라면 오히려 가계가 구매 시기를 미룰 것이기 때문이다. 지금 사는 것보다 조금 더 기다리면 같은 제품을 더 싸게 살수가 있으니 말이다.

그래서 물가의 지속적 하락은 소비의 위축을 불러오고, 소비의 위축은 기업 매출의 감소로 이어져서 기업이 고용을 줄이는 결과를 만든다. 고용을 줄이면 가계 소득이 줄어들고 가계 소득이 줄어들면 다시 소비가 줄어들고 또 물가가 떨어지게 될 것이다. 이런 악순환이 반복되는 상태가 디플레이션이다.

국민소득 결정: 지출 측면에서의 요인

앞서 GDP를 설명하기 위해 '지출 측면의 GDP'를 가장 많이 사용한다고 설명했다.

> 소비 결정요인: 소비(C) = f(Y, r, V/p, T)
> Y(소득): 증가함수, r(금리): 감소함수, V/p(실질자산): 증가함수, T(세금): 감소함수

소비 결정요인은 바로 가처분소득(disposable income)이다. 가처분소득은 개인소득에서 개인의 세금과 이자 지급 등 비소비지출을 공제하고 연금 같은 이전소득을 더한 것이다. 다소 어렵게 들릴 수 있는 말이지만, 개인소득 가운데 소비·저축을 자유롭게 할 수 있는 소득 부분을 말한다. 이 가처분소득이 올라가면 자연스럽게 소비가 증가한다. 그렇다면 금리는 어떤 영향을 미칠까? 금리는 소비를 참는 대가이기 때문에 금리가 낮아지면 소비는 증가할 것이다. 따라서 소비는 금리의 역함수로 설명할 수 있다. 실질자산이 오르면 소비가 증가하고 그다음에 세금도 소비에 영향을 미칠 수 있다.

투자 결정요인: 투자(I) = f(Y, r)
Y(소득): 증가함수, r(금리): 감소함수

당연하겠지만 투자를 결정할 때 소득이 증가하면 투자도 늘어나고, 금리가 떨어져도 투자는 증가한다.

수출 결정요인: 수출(X) = f(e, Yw)
e(원/달러 환율): 증가함수, Yw(교역상대국의 소득 또는 경기): 증가함수

수출은 환율의 함수이면서 동시에 해외 소득의 함수기도 하다. 환율이 올라가서 우리나라 돈의 가치가 떨어지면 외국인에게 우리의 상품 가격이 상대적으로 저렴해진다. 그래서 환율이 올라가면 우리 수출이 늘어난다.

수입 결정요인: 수입(M) = f(e, Yd)
e(원/달러 환율): 감소함수, Yd(우리나라 소득 또는 경기): 증가함수

수입은 환율의 함수인 동시에 국내 소득의 함수다. 환율이 떨어지고 경기가 좋아지면 수입이 늘어난다.

여기서 정부 지출을 설명하지 않은 이유는 외생변수이기 때문

이다. 한 나라의 경제 정책운영에 관련되는 변수는 정책변수로 경제 체계 외부에서 발생하는 변수이기에 경제모델 안에서 설명하기 어렵다.

한국은행의 GDP 발표 시기와 방법				
	분기 속보 (1/4~4/4)	분기 잠정 (1/3~3/4)	연간 잠정 (4/4분기 포함)	확정
공표시한	분기 종료 후 28일 이내	분기 종료 후 70일 이내	연도 종료 후 3개월 이내	연도 종료 후 1년 3개월 이내
이용자료	2개월 실적 및 결측월 추정자료	분기 잠정 자료	연간 잠정 자료	연간 확정 자료
추계내용	―경제활동별 국내총생산 (실질) ―국내총생산에 대한 지출 (실질)	―경제활동별 국내총 생산 (실질, 명목) ―국내총생산에 대한 지출 (실질, 명목)	―경제활동별 국내총생산 ―국내총생산에 대한 지출 ―종합계정 ―제도부문별 소득계정 ―자본재 형태별, 주체 별 총자본형성 등 10 개 부표	―연간 잠정 추계 내용 ―제도부문별 생산계정 ―제도부문별 자본계정 ―경제활동별 국내총부가가치와 요소소득 등 7개 부표

자료: 한국은행

한국은행이 GDP를 발표할 때는 속보치, 잠정치, 연간 잠정치, 확정치 순으로 발표한다. 이 네 가지 중에서 속보치만 약간 다른 성격을 가지고 있으므로 추가로 설명하겠다. 속보치는 분기 종료 28일 이내에 발표하며 해당 분기 마지막 달의 GDP는 추정해서 발표한다. 예를 들어 7월~9월로 이루어진 3분기의 속보치를 발표한다면, 9월의 통계가 나오지 않았기에 7월~8월의 실적을 기반으로 9월을 추정해서 발표하는 것이다. 이런 속보치를 통해 한국은행의 경제 전망을 알 수 있다. 속보치 이후에 발표하는 분기 잠정치는 속보치에서 확실하게 반영하지 못했던 마지막 달, 9월의 통계가 나오면 속보치를 보강해서 3분기 GDP를 다시 발표하는 것이다. 이후 연간 잠정치, 확정치의 네 단계를 거쳐서 최종적으로 한 해의 GDP를 발표한다.

지출 측면에서 작성한 2020년~2022년 3/4분기까지의 GDP 발표를 살펴보자. 2022년도 3/4분기를 보면 0.3으로 적혀 있는데, 이 숫자는 우리 경제가 3분기에 전기 대비 0.3% 성장했다는 뜻이다. 이전

지출 측면에서 작성한 GDP

(계절조정계열 전기대비, %)

	2020				2021P				2022P			
	1/4	2/4	3/4	4/4	1/4	2/4	3/4	4/4	1/4	2/4	3/4	
국내총생산 (GDP)	-1.3	-3.0	2.3	1.2	1.7	0.8	0.2	1.3	0.6	0.7	0.3	(3.1)
	(1.5)	(-2.5)	(-0.9)	(-0.9)	(2.2)	(6.2)	(4.0)	(4.2)	(3.0)	(2.9)	0.3	(3.1)
민간소비	-6.6	1.1	0.3	-1.1	1.2	3.3	0.0	1.5	-0.5	2.9	1.9	(5.9)
정부소비	1.7	0.7	0.3	-0.2	1.6	3.5	1.4	1.5	0.0	0.7	0.2	(2.4)
건설투자	1.4	-2.7	-2.3	2.4	0.1	-1.5	-2.0	2.0	-3.9	0.2	0.4	(-1.5)
설비투자	-0.4	1.5	5.9	-0.2	6.8	0.9	-3.0	-0.2	-3.9	0.5	5.0	(1.3)
지식재산생산물투자	0.8	1.7	1.0	0.8	0.9	1.6	0.8	1.2	1.6	0.0	3.0	(6.0)
재고증감1)	0.7	0.4	-1.5	0.0	0.5	0.1	0.0	-0.1	0.0	0.2	0.3	(0.3)
수출	-0.7	-14.5	15.37	3.2	4.1	-0.7	1.1	3.2	3.6	-3.1	1.0	(4.6)
수입	-2.6	-5.4	6.2	-0.2	5.6	2.7	-0.3	3.5	-0.6	-1.0	5.8	(7.7)

주: 1) 재고증감은 GDP에 대한 성장기여도(%p) 2) ( ) 내는 원계열 전년동기대비 증감률
자료: 한국은행

장에서 계절 조정 GDP에 관해 이야기했는데 이 표가 바로 계절 요인과 불규칙 요인을 제거한 계절 조정 GDP이며, 2022년 3/4분기의 소괄호에 들어간 수치는 계절 조정을 하지 않은 수치다. 다만 지금은 모두 계절 조정을 거친 GDP를 발표하는 것이 세계적인 추세이기 때문에, 앞으로도 우리나라 계절 조정 전기 대비 GDP 성장률이 더 중요한 의미를 가질 것이다.

국민소득 결정: 생산 측면에서의 요인

다음은 생산 측면에서 작성된 2020년~2022년 3/4분기까지의 우리나라 GDP다. 각 산업에서 얼마나 많은 부가가치를 창출했는지, 개별적으로 표기하고 있다. GDP를 처음 설명하면서 삼면 등가의 법칙을 설명했는데, 2022년 3/4분기의 GDP를 확인하면 생산과 지출 GDP 모두 0.3%의 성장을 기록한 것을 볼 수 있다.

| 생산 측면에서 작성한 GDP | | | | | | | | | | |

(계절조정계열 전기대비, %)

	2020				2021P				2022P		
	1/4	2/4	3/4	4/4	1/4	2/4	3/4	4/4	1/4	2/4	3/4
국내총생산 (GDP)	-1.3 (1.5)	-3.0 (-2.5)	2.3 (-0.9)	1.2 (-0.9)	1.7 (2.2)	0.8 (6.2)	0.2 (4.0)	1.3 (4.2)	0.6 (3.0)	0.7 (2.9)	0.3 (3.1)
농림어업	0.3	-6.3	-0.6	3.4	6.9	-9.8	8.2	0.7	1.6	-8.7	5.5 (-1.4)
제조업	-0.7	-8.8	7.6	2.5	3.9	-0.4	-0.3	0.7	3.3	-0.7	-1.0 (2.2)
전기가스수도사업	5.3	-1.3	-1.5	4.0	3.1	-1.5	0.3	0.2	2.7	-0.6	0.3 (2.4)
건설업	0.0	-1.4	-3.7	1.1	0.1	-1.7	-1.2	2.2	-1.6	-0.1	1.8 (2.1)
서비스업1)	-2.3	-1.1	1.2	0.7	0.9	1.7	0.6	1.9	0.0	1.8	0.7 (4.5)
(도소매 및 숙박음식)	-5.7	-2.7	1.4	0.0	1.0	2.1	-0.7	4.5	0.1	2.3	2.2 (9.3)
(운수업)	-12.2	-11.5	3.8	-0.9	3.8	4.2	-1.7	4.4	-1.1	8.1	-0.8 (10.7)
(금융 및 보험업)	2.8	3.0	2.3	2.3	1.7	-1.3	3.5	1.9	0.3	-2.3	2.3 (2.1)
(정보통신업)	3.4	0.0	-1.9	2.6	0.8	2.3	2.8	2.4	-2.9	4.0	1.3 (4.6)
(문화 및 기타)	-13.8	-9.8	4.5	-1.6	1.4	2.9	0.2	3.2	-0.1	7.2	3.3 (14.2)
국내총소득 (GDI)	-0.6 (-0.4)	-1.9 (-1.6)	2.4 (0.9)	1.1 (1.1)	1.9 (3.7)	-0.5 (5.0)	0.1 (2.6)	-0.1 (1.5)	0.5 (-0.1)	-1.1 (-0.6)	-1.3 (-1.9)

주: 1) 도소매 및 숙박음식업, 운수업, 금융 및 보험업, 부동산업, 정보통신업, 사업서비스업, 공공행정 국방 및 사회보장, 교육
서비스업, 의료보건 및 사회복지서비스업, 문화 및 기타서비스업 포함
2) ( ) 내는 원계열 전년동기대비 증감률
자료: 한국은행

다음은 가장 기초적인 수치들을 살펴보자. 2021년 우리나라의 GDP는 약 1조8,000억 달러 정도다. 참고로 미국의 2021년도 GDP는 23조 달러 정도이며, 중국은 17조7,000억 달러를 기록하고 있다.

우리나라 1인당 국민소득은 1인당 국민총소득(GNI; Gross National Income)에서 찾을 수 있다. 2021년의 우리나라 1인당 GNI는 원화 기준 4,000만 원 정도다. 달러 기준으로 보면 3만5,000달러다. 그런데 원화 기준으로 보면 꾸준히 증가하고 있지만 달러로 환산해서 보면

2018년~2020년까지 꾸준히 하락하는 모습을 볼 수 있다. 물론 그 이유는 환율 때문이다. 우리나라 원화 가치가 떨어지면 원화 금액으로는 GNI가 올라가지만 달러 금액으로는 국민소득이 줄어들 수 있다.

GDP와 1인당 국민소득					

(당해년가격 기준)

	단위	2018	2019	2020	2021P
국내총생산(GDP)	조원	1,898.2	1,924.5	1,940.7	2,071.7
	억달러	17,252	16,510	16,446	18,102
1인당 GNI	천원	36,930	37,539	37,766	40,482
	달러	33,564	32,204	32,004	35,373
1인당 PGDI	천원	19,874	20,474	21,185	22,317
	달러	18,063	17,565	17,953	19,501

자료: 한국은행

국민소득 결정: 수요 측면에서의 요인

다음은 수요 측면의 GDP 구성비와 기여도다. 위 내용은 GDP를 구성하는 요소를 모두 다 쓰지는 않았지만, 이해에 필요한 핵심만 담았다. 그러나 가장 눈여겨봐야 할 점은 수출이 우리 GDP에서 차지하는 비중이 44%나 된다는 것이다. 미국의 12%, 일본의 19%에 비해서 우리 경제의 수출의존도는 현저히 높으며, 우리 경제가 일본

같이 장기 불황에 시달릴지 아닐지를 결정할 중요한 문제다. 일본이 1990년대 버블의 붕괴로 '잃어버린 20년'이 시작될 때 일본 수출에서 GDP에서 차지하는 비중은 9% 정도였지만 지금 우리나라의 경우는 44%다. 그래서 세계 경제가 좋다면야 일본처럼 디플레이션의 늪에 빠질 일이 없겠지만, 만약 세계 경제가 나쁘다면 어떨까? 수출 의존도가 높아서 오히려 일본보다 더 큰 어려움을 겪을 것이다. 그래서 우리 경제를 전망할 때는 글로벌 경제환경, 특히 미국과 중국 경제의 향방이 굉장히 중요한 것이다.

수요 측면의 GDP 구성비와 기여도(2021년 기준)

(단위: 조원, %, ,%P)

	총소비	민간소비	정부소비	건설투자	설비투자	총수출	GDP
2020	1171.6	851.0	319.7	269.3	166.6	766.1	1839.5
2021	1221.3	882.5	337.7	265.0	181.6	849.1	1915.8
비중	63.8	46.1	17.6	13.8	9.5	44.3	100.0
기여도	2.7	1.7	1.0	-0.2	0.8	4.5	4.1

(자료: 한국은행)

* 기여율(%) = 부문별 증감액/GDP 증감액*100
* 기여도(%p) = (부문별 증감액/GDP 증감액)*(GDP 증가율)*100

주식이나 부동산에 장기적으로 투자한다면 물론 고민이 많은
시기도 있고 호황을 누리는 시기도 있을 것입니다. 나는 당신이
그것들을 통해 사는 법을 배워야 한다고 생각합니다.

- 찰리 멍거 (Charlie Munger) -

3

흐름을 좌우하는 경제지표
총정리

우리가 금융시장의 흐름을 판단하기 위해서는 통계청에서 발표하는 산업활동 동향에 주목할 필요가 있다. 산업활동 동향에는 우리 기업들이 생산을 얼마나 했느냐, 우리 가계가 소비를 얼마나 했느냐, 또 기업들은 얼마나 투자를 했느냐, 이런 지표들이 전부 나와 있다. 이 자료에는 전체 산업뿐만 아니라 업종별로도 모두 정리되어 있다. 다만, 이 보도자료는 보통 90쪽 내외로 일반인이 보고 참고하기에는 너무 길다는 문제점이 있다.

선행지수 순환변동치와 주가 흐름

자그마한 팁을 드리자면 해당 보도자료의 끝에 등장하는 두 가지 지표에만 주목해도 괜찮다. 동행지수 순환변동치와 선행지수 순환변동치가 바로 그것이다. 동행지수 순환변동치는 현재의 경기를 나타낸 지표이며 선행지수 순환변동치는 앞으로 경기가 어떻게 될 것인지를 나타낸다. 이 선행지수 순환변동치를 알면 우리가 언제 투자를 해야 하고 줄여야 하는지를 대략 알 수 있다.

선행지수 순환변동치와 코스피 추이를 비교해 보여주는 아래 차트를 보자. 선행지수 순환변동치가 2021년 6월을 고점으로 2022년 9월까지 계속 떨어졌다. 선행지수 순환변동치가 감소한다는 것은 앞

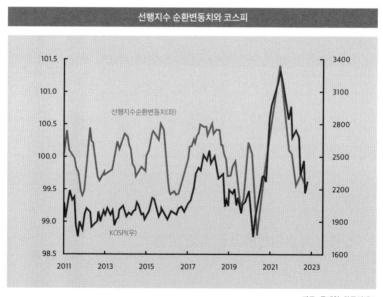

자료: 통계청, 한국거래소

으로 경기가 나빠진다는 것을 의미하므로, 주가지수도 2021년 6월을 고점으로 3,300을 넘었다가 2021년 9월에는 2,150까지 함께 떨어졌다. 만약 2021년 6월에 선행지수가 꺾이는 것을 확인하고 '아 이제는 주식투자를 조금 줄여야겠구나'라고 생각하며 무리한 투자를 피했다면 그다지 손해를 입지 않았을 것이다.

심리지수로 알아내는 투자의 기준

한국은행은 매월 전국 56개 도시의 2,500가구를 대상으로 소비자심리지수를 작성하여 발표하고 있다.

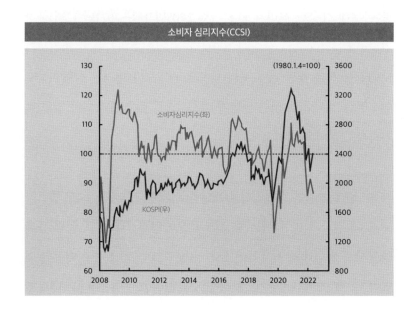

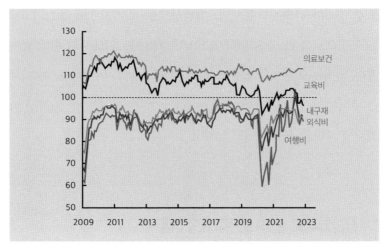

자료: 한국은행, 한국거래소

이 소비자심리지수는 소비자동향지수 가운데 6개의 주요 지수
를 이용해 산출한 심리지표다. 가령 2003년 1월~2021년 12월의 장
기평균치를 100으로 삼아서 100보다 높으면 소비자들이 과거보다
낫다고 느끼는 것이고, 그보다 낮으면 과거보다 어려운 상황이라고
인식하는 것이다. 2021년 하반기 이후 소비심리가 위축되고 있고 주
가지수도 같이 하락하고 있다.

아울러 한국은행은 **기업실사지수**(BSI; Business Survey Index)도 발표하
고 있다. 전국의 법인기업들에 전반적인 기업경기나 재고, 인력 등을
물어서 만들어내는 지수인데, BSI가 100 이상이면 좋다고 대답한 기
업이 나쁘다고 대답한 기업보다 많고, 100 이하면 나쁘다고 대답한

기업실사지수(BSI)

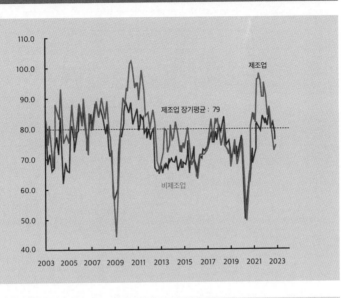

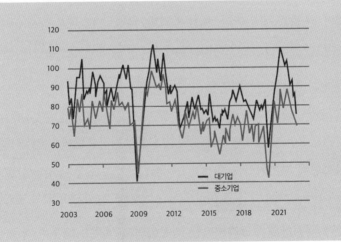

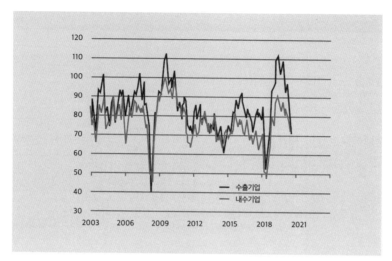

120
110
100
90
80
70
60
50
40
30

2003   2006   2009   2012   2015   2018   2021

— 수출기업
— 내수기업

자료 : 한국은행

기업이 더 많다는 뜻이다. 2021년 하반기부터 기업경기 실사지수가 떨어지고 있다. 2022년 하반기 들어서서는 상대적으로 좋았던 대기업이나 수출기업 실사지수도 크게 위축되고 있다.

"기업경영의 애로사항이 무엇입니까?" 한국은행이 기업 심리를 조사하면서 제조기업에 그렇게 물어봤다. 그 결과 첫 번째는 당연하게도 원자재 가격 상승이었다. 그렇지 않아도 국제유가가 상승하는 와중에 러시아가 우크라이나를 침공하면서 석유를 비롯한 각종 원자재의 가격이 상승하면서 생산비용이 갑자기 올라버렸기 때문이다. 전쟁 이전에 계약한 물량을 해소하는 과정에서 기업의 이익이 조금 줄어들고 있어서, 일부 기업들은 가격을 올려도 여전히 팔 수 있는 상품들의 가격을 올리고 있다.

뉴스심리지수(NSI; News Sentiment Index) 역시 우리 주식시장에서 반드시 확인해야 할 지표 중 하나다. 한국은행에서 실험적으로 만들어서 발표하고 있는 뉴스심리지수는 인터넷 포털사이트의 경제 분야 뉴스를 기반으로 표본문장을 추출한 뒤, 각 문장에서 나타나는 긍정, 부정, 중립의 감성을 기계학습으로 분류해서 만든 지수다. 기준치 이상으로 올라가면 경기를 낙관하는 기사가 더 많고, 기준치 이하면 경제 기사 중에서 어렵다는 기사들이 많이 나온다는 의미다.

한국은행이 이 지수를 만들면서 살펴 보다가 해당 지수가 주가에 1개월 정도 선행한다는 사실을 발견했다. 또 다른 지수와는 다르게 일별로 빠르게 작성되는 지수이기에 금융시장 중에서도 주식을 하는 독자라면 반드시 볼 필요가 있다.

이 지표를 기반으로 투자할 때 고려할 점은 뉴스심리지수가 지나치게 떨어진 상태면 투자를 고려해 볼만 하다는 것이다. 뉴스심리지수가 떨어진다는 것은 언론에서 경기가 어렵다는 보도가 많다는 것인데, 경기가 좋을 때 나오는 경기 관련 보도보다 경기가 어려울 때 나오는 경기 관련 보도의 수가 더 많다는 것이다. 따라서 이 뉴스심리지수가 지나치게 떨어진 것은 반대로 향후 이 지수가 올라갈 확률이 더 높다는 것을 의미한다.

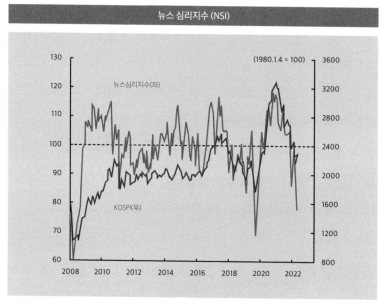

뉴스 심리지수 (NSI)

자료: 한국은행

〈 뉴스심리지수와 주요 경제지표간 시차상관분석 결과 〉

비교대상 경제지표1)	최대상관계수	최대상관시차2)
소비자심리지수	0.75	-1
전산업 업황전망 BSI	0.61	-2
경제심리지수	0.61	-2
코스피(전년동기대비 증가율)	0.68	-1
선행종합지수(순환변동치)	0.76	-2
분기GDP(실질SA 전기대비 증가율)	0.53	0

주: 1) 시계열 이용가능 시점을 감안하여 소비자심리지수와는 2008.7~2021.12월, 선행종합지수와는 2005.1~2021.12월.
　　 나머지 월별지표와는 2005.1~2021.12월. 분기GDP와는 2005.1~2021.4분기를 대상으로 비교
　　 2) 음수는 뉴스심리지수가 비교대상 경제지표에 선행, 0은 동행함을 의미

돈의 흐름을 보면 주가가 보인다

2022년 들어 경제 전반적으로 유동성이 축소되고 있다. 특히 증권시장 주변 유동성이 줄면서 주가도 하락하고 있다. 어떤 이유로 유동성이 떨어지고 있을까?

첫째, 실물경제에 비해서 통화량이 상대적으로 줄고 있다. 앞서 한 차례 설명한 '마셜의 K'가 이를 설명하기에 가장 적절하다. 경제 위기 때마다 마셜의 K는 한 단계씩 높아졌다. 특히 2020년 코로나19로 경기가 급격하게 위축되자 한국은행은 기준금리를 사상 최저

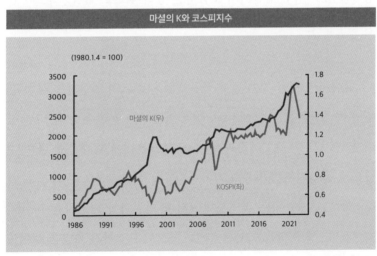

마셜의 K와 코스피지수

(1980.1.4 = 100)

마셜의 K(우)

KOSPI(좌)

자료: 한국은행, 한국거래소

치인 0.50%까지 인하하면서 통화 공급을 늘렸다. 이에 따라 2019년 말 1.49였던 마셜의 K가 2022년 1분기에는 1.72로 6.4% 증가했다. 이 지표가 증가하는 시기에 대체로 주가는 상승했다. 그러나 마셜의 K가 2022년 1분기를 정점으로 낮아지고 있다. 3분기에는 1.69로 추정된다.

둘째, 돈이 금리가 높은 정기예금으로 숨어버리고 있다. 협의통화(M1)와 광의통화(M2) 비율로 이를 측정해볼 수 있다. 협의통화는 현금통화와 요구불예금 및 수시입출금식 저축성예금으로 구성되어 있다. 말하자면 기대 수익률에 따라 다른 곳으로 즉시 이동할 수 있는 자금이다. 이에 비해 광의통화는 협의통화에다 정기 예·적금과 양도성예금 등 시장성 상품까지 포함하는 통화지표로, 협의통화보다 유동성이 낮다.

앞에서 설명한 것처럼, 한국은행의 기준금리 인상과 더불어 은행의 예금금리도 크게 오르고 있다. 최근에는 일부 은행에서 1년 금리가 5% 정도인 정기예금까지 내놓고 있다. 이에 따라 많은 돈이 예금으로 몰리면서 협의통화보다 광의통화가 상대적으로 더 늘고 있다. 2021년 10월에는 광의통화에서 협의통화가 차지하는 비율이 37.8%였다. 하지만 2022년 9월에는 35.2%로 낮아진 모습을 보여줬다. 과거 통계를 보면 이 비율이 감소할 때 주가도 같이 하락했다.

셋째, 한층 더 좁은 의미에서 단기부동자금이 급감하고 있다. 단기부동자금이란 유동성이 매우 높은 자금으로 기대 수익률이 높은 곳으로 언제든지 이동할 수 있는 돈이다. 여기에는 현금통화, 요구불예금, 수시입출식 저축성예금, 머니마켓펀드, 양도성예금증서, 환매조건부 채권매도, 증권투자자 예탁금 등이 포함된다. 2021년 12월 1,586조 원이었던 단기부동자금이 2022년 9월에는 1,479조 원으로 107조 원이나 감소했다. 아래 그림에서 볼 수 있는 것처럼, 단기부동자금의 전년 동월 대비 변동률은 코스피 변동률보다 2~3개월 선행했다. 단기부동자금 축소는 주식시장으로 이동할 수 있는 돈이 그만큼 줄어들었다는 의미다. 한편 단기부동자금은 주택 가격에도 선행하고 있다.

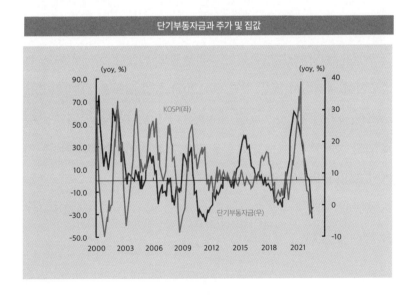

단기부동자금과 주가 및 집값

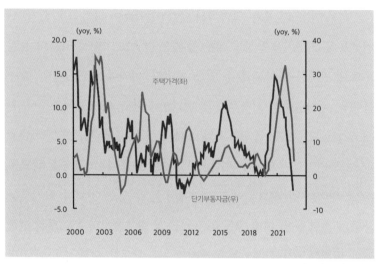

(yoy, %) (yoy, %)

주택가격(좌)

단기부동자금(우)

자료: 한국은행, 국민은행

넷째, 주식을 직접 살 수 있는 돈, 즉, 예탁금도 정체 상태에 머물고 있다. 투자자예탁금이 2022년 1월 말 70조 원에서 11월에는 50조 원 안팎으로 낮아졌다. 주식형 수익증권도 2022년 들어서 95조 원 정도에서 정체되어 있는 형편이다. 2021년 말 이들을 합한 자금이 코스피 시가총액에서 7.4%를 차지했으나 2022년 10월 말에는 7.9%로 약간 증가했다. 이는 전적으로 같은 기간 시가총액이 2,203조 원에서 1,810조 원으로 줄어든 데 기인한 것이다.

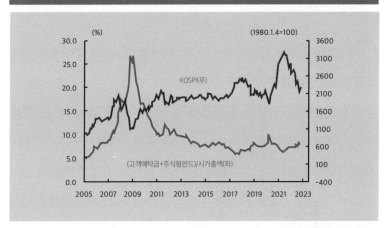

주식투자자금과 주가

(%) (1980.1.4=100)

KOSPI(우)

(고객예탁금+주식형펀드)/시가총액(좌)

자료: 한국거래소, 금융투자협회

　　요약해보자. 실물경제와 비교해서 상대적으로 통화량이 감소하고 있다. 동시에 돈은 금리가 높은 은행예금으로 몰리고 있다. 주식을 사기 위해서 대기하고 있는 돈도 줄고, 직접 주식을 사려는 자금도 정체 상태에 있다. 주식시장으로 돈이 들어오려면 실물경제에 비해서 통화량이 더 늘어야 하고 은행 예금금리도 낮아져야 한다. 게다가 주가가 충분히 싸져야 한다. 이런 여건이 충족되려면 좀 더 시간이 필요해 보인다.

통화와 금리 속에 숨어있는 부의 기회

금리라는 말을 듣자마자 무엇이 머리에 떠오르는가? 우리에게 가장 친숙한 금리인 은행에 예금할 때의 예금금리나 은행에서 돈을 빌렸을 때의 대출금리를 떠올릴 것이다. 하지만 경제학에서 말하는 금리는 금융시장에서 자금 수요자가 공급자에게 자금을 빌린 대가로 지급하는 이자나 이자율을 말한다. 현재의 소비를 미래로 넘기는 대가인 시간 선호율 측면에서 금리를 정의하고 있다. 쉽게 설명하자면 이렇게 된다. 내가 100만 원을 가지고 있다고 가정하자. 이 돈을 가지고 지금 맛있는 식사를 하거나 친구들과 어울리면 기분이 좋을 것이다. 하지만 그 돈을 은행에 저금했다면 소비를 참아낸 대가를 받아야 한다. 경제학에서는 그 대가를 금리라고 부르는 것이다.

만약 금리가 낮다면 소비를 참는 대가가 적다는 뜻이니 좀 더 쉽게 돈을 소비하할 것이며, 반대로 금리가 높다면 소비를 참고 은행에 돈을 맡겼다가 나중에 소비할 것이다. 그래서 금리가 떨어지면 소비가 증가하고 금리가 오르면 소비가 감소하는 모습을 볼 수 있다.

그렇다면 금리는 시장에서 어떤 역할을 하는지 알아보자.

첫 번째는 자금 수급의 조절이다. 금리가 높으면 자금 수요자가 줄어들고 반대로 공급자는 늘어나서, 금리를 통해 자금 수급을 적절히 조절할 수 있다는 의미다.

두 번째로 자금 배분의 기능이다. 예를 들어 금리가 2%~3%라면 이 금리보다 높은 수익률을 실현할 수 있는 사람들은 돈을 빌려서라도 열심히 투자할 것이다. 하지만 금리가 5%로 올랐다면, 그 수준 이하의 수익률을 올릴 수 있는 사람들이 돈을 빌리지는 않을 것이다.

세 번째는 경기조절 기능이다. 위에서 말한 것처럼 금리가 오르면 현재의 소비를 참고 대신 저축을 선택하게 된다. 그래서 금리가 오르면 소비가 줄어들고, 금리가 내리면 소비가 늘어나는 경향을 볼 수 있는 것이다.

마지막은 물가조절 기능이다. 금리가 오르면 소비와 투자가 위축되고 수요가 줄어들기 때문에 물가상승률이 낮아진다. 이같이 금리는 다양한 경제적 기능을 수행하고 있다.

기준금리, 물가와 수요의 기준

금리를 볼 때 가장 중요한 것은 한국은행의 기준금리다. 2022년 11월 현재 한국은행의 기준금리는 3.25%다. 그러면 기준금리라는 것은 왜 생겼으며, 한국은행은 왜 기준금리를 시시때때로 조절하는 것일까?

한국은행의 통화정책 목표는 물가 안정과 금융안정이다. 여기서 물가 안정이 굉장히 중요하다. 한국은행의 2019년 이후 물가 안정목표는 전년 동기 대비 소비자물가 상승률 2%이다. 그래서 물가상승률이 2%을 넘어서면 금리를 올림으로써 수요의 둔화를 유도한다.

자료: 한국은행

반대로 만약 물가상승률이 2% 미만이라면 금리를 내려서 수요를 촉진할 것이다.

그래서 이 금리를 한국은행이 금융기관과 환매조건부증권(RP; Repurchase agreement) 매매, 자금조정 예금 및 대출 등의 거래를 할 때 기준이 되는 정책금리로서 간단하게 '기준금리'라고 말하는 것이다. 이 기준금리는 한국은행 금융통화위원회에서 조절하고 있다. 한국은행은 국내외 경제와 금융 상황을 종합적으로 고려해서 연 8회 기준금리를 결정한다. 기준금리가 변화한다면 실물경제 활동에는 어떤 영향이 있을까?

가장 먼저 금융회사들이 서로 돈을 빌리고 빌려줄 때 사용하는 초단기 금리인 콜금리에 즉각적인 영향을 미친다. 예금금리나 대출금리도 대체로 상승하며 장기 시장금리에도 상승압력이 생긴다. 이런 각종 금리의 움직임은 소비와 투자 등 총수요에 영향을 미친다. 예를 들자면 금리의 상승은 차입을 억제하고 저축을 늘리면서 소비를 억제한다. 또 주식이나 채권, 부동산 등 자산에도 영향을 미친다. 금리가 상승하면 이런 자산을 통해 얻을 수 있는 미래 수익의 기대치가 낮아지므로 가격이 하락하게 된다.

기준금리의 움직임은 환율에도 영향을 미치게 된다. 예를 들면 미국의 금리가 변하지 않았는데 우리나라의 금리가 올랐다면, 국내의 원화결제 자산의 수익률이 상대적으로 높아져 해외 자본이 유입될 수 있다. 이는 원화의 매력도가 올라갔다는 뜻으로 원화 가치의 상승으로 이어진다. 이 원화 가치 상승은 자연스럽게 수입물가 하락과 수출물가 상승을 불러온다. 후술하겠지만, 원화 가치의 상승이 만들어낸 수입 물가 하락은 국내의 물가를 직접 하락시키는 요인이라는 것을 기억하기 바란다.

기준금리 변경의 여파의 마지막은 일반의 기대인플레이션 변화를 통해서 물가에 영향을 미치는 것이다. 예를 들어 기준금리 인상은 한국은행이 물가상승률을 낮추려는 조처로 해석되어 기대인플레이션을 하락시킨다. 기대인플레이션은 기업의 제품가격과 근로자의 임금 결정 과정에 영향을 미치기 때문에 결국 실제 물가상승률을 하락시킨다.

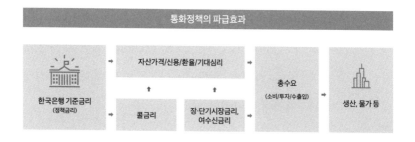

테일러 준칙으로 찾는 금리의 미래

앞서 말했듯 2022년 11월의 기준금리는 3.25%다. 지금부터 이 금리를 정확하게 이해하기 위해 필수인 적정금리와 테일러 준칙을 좀 더 자세히 말하고자 한다.

적정금리 = 실질금리 + 소비자물가상승률 + A1 × (실제 GDP − 잠재 GDP)
+ A2 × (실제 물가상승률 − 목표 물가상승률)

테일러 준칙은 1993년에 미국의 경제학자 존 테일러(John Taylor)가 최초로 제안한 적정금리를 계산하는 방법이다. 테일러 준칙은 실질금리에 물가상승률을 더한 값에 실제 GDP에서 잠재 GDP를 뺀 값과 실제 물가상승률에서 목표 물가상승률을 뺀 값을 대입하여 적정금리를 추정한다.

얼핏 듣기에는 난해하겠지만 경제의 성장이 기대 이상인지 아닌지, 물가가 목표보다 위인지 아닌지를 찾아서 알맞은 금리를 찾는 방법이라고 생각하면 될 것이다. 테일러 준칙으로 추정한 2022년 11월 한국의 적정금리는 8% 정도이다. 이는 어디까지나 이론적인 적정금리다. 그러나 앞으로 경제성장률이나 물가상승률을 고려하면 적정금리 수준이 낮아지고, 이를 고려하면 머지않아 이번 금리인상 사이클이 마무리될 것이다.

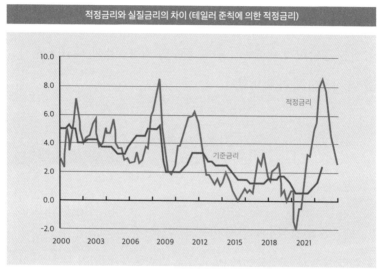

적정금리와 실질금리의 차이 (테일러 준칙에 의한 적정금리)

주: 1) 실질금리는 2010~2021년 평균, 2) 2022년 4분기~2023년 4분기는 전망치

금리와 채권 가격은 역의 관계

금리를 파악했다면 채권 구매의 의사결정을 훨씬 원활하게 할
수 있다. 금리가 떨어지면 채권 가격이 오르기 때문에 채권을 사야
하고, 금리가 오른다면 채권 가격은 내려가기 때문에 채권을 팔아야
할 것이다. 이해를 위해서 간단한 예를 들어보자. 지금 100만 원짜리
채권을 2만 원 할인된 98만 원에 사고 1년 후에 100만 원을 받는 경
우의 수익률은 2.04%다.

수익률 = 이자 금액/채권 가격 = 20,000/980,000 = 0.0204 →
2.04%의 수익률

그런데 만약 100만 원짜리 채권을 지금 4만 원 할인된 96만
원에 사고 1년 후에 100만 원을 받는다면 수익률은 4.17%이다.
(40,000/960,000 = 0.0417 → 4.17%의 수익률)

여기서 알 수 있는 것은 수익률이 2.04%면 채권 가격이 98만 원
이고 수익률이 4.1%면 채권 가격은 96만 원으로 떨어진다는 사실이
다. 그렇다면 금리가 2.04%에서 4.17%로 오르는 것은 채권 가격이
98만 원에서 96만 원으로 떨어진다는 것과 마찬가지다.

앞으로 나올 설명은 굳이 알지 않아도 될 정도로 경제학의 심화
내용을 담고 있다. 과장을 약간 섞어서 이 내용을 이해할 수만 있다
면 은행의 자산관리사 시험에 나오는 문제의 답을 찾아낼 수도 있을
것이다.

아래의 그림에서 채권 시장과 자금 시장의 복잡한 수요곡선 및
공급곡선을 확인할 수 있다. 왼쪽 그림은 채권의 수요곡선이다. 채권
은 은행과 정부, 기업까지 모두 발행이 가능하다. 그리고 채권 수요
자들은 주로 개인이다. 어쨌든 채권의 수요(BD)와 공급(BS)이 만나

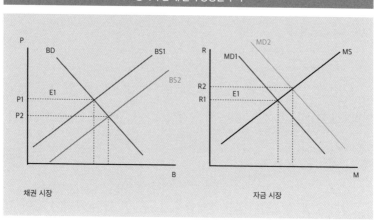

채권 시장 / 자금 시장

는 점에서 채권 가격 P1이 결정되고 채권의 거래량이 결정된다. 채권 공급자가 채권을 발행하는 이유는 자금의 조달이 필요해서이고, 그는 자연스럽게 돈의 수요자가 된다. 마찬가지로 채권을 사는 사람들은 돈의 공급자가 된다. 이 둘의 수요(MD1)와 공급(MS)이 만나는 지점이 금리 R1으로 결정된다.

그런데 만약 어떤 기업이 투자를 위한 자금이 필요해서 추가로 채권을 발행하면 채권 공급곡선이 우측으로 이동해서 갈색(BS2)으로 새롭게 그려진다. 모든 것이 그렇지만 공급이 늘어나면 가격은 내려가기에, 채권공급이 늘어나면서 채권 가격이 P1에서 P2로 떨어진다. 채권공급이 늘어났다는 것은 자금 수요 측면에서 돈의 수요가 늘어났다(MD2)는 것이므로 자연스럽게 금리는 R1에서 R2로 오르게 된다. 그래서 이 그림만 머리에 담아둔다면 어떤 변화가 왔을 때 채권 수익률 혹은 금리가 오르고 떨어지는지를 파악할 수 있다.

금리와 주가의 관계는?

경제학 교과서나 증권투자론 등을 읽어보라. 금리가 떨어지면 주가는 오른다고 되어 있다. 그 이유는 다음과 같은 주가의 결정 공식에서 알 수 있다.

주가 = 배당금/(1+금리-기업이익증가율)

우선 주가는 배당금이 늘어나면 오른다. 기업은 이익을 내면 그 주식을 보유하고 있는 주주에게 이익 일부를 배당으로 돌려준다. 여기서 배당성향이라는 용어도 같이 알고 가면 좋다. 배당성향은 기업의 순이익 가운데 배당금이 차지하는 비중이다. 예를 들어 어떤 기업이 1년에 100억 원의 순이익을 내고 30억 원을 주주에게 배당금으로 지급했다면, 그 기업의 배당성향은 30%가 되는 것이다. 또 기업의 이익이 많아져도 위의 주가 결정 공식에서 분모가 작아지기 때문에 주가가 오른다. 기업 이익이 증가하면 주주에게 줄 수 있는 배당

여력도 증가하기 때문이다.

그러나 주가를 결정하는 가장 중요한 요인은 아무래도 금리라 할 수 있다. 위의 결정 공식에서 보는 것처럼 배당금이나 기업이익증가율이 일정하다고 가정하면, 금리가 떨어지면(분모가 작아지면) 주가는 오른다. 직접적으로 금리가 낮아지면 투자자는 그 금리보다 기대수익률이 더 높은 다른 자산을 찾게 된다. 그 가운데 하나가 주식이다. 주식의 배당수익률이 금리보다 더 높다면 일부 투자자금이 주식시장으로 몰려들면서 주식 수요가 늘어나고 주가가 오르는 것이다.

금리는 간접적으로도 주가 상승 요인으로 작용한다. 통화정책의 파급효과에서 보았던 것처럼 금리가 떨어지면 가계가 소비를 늘린다. 기업도 투자와 고용을 확대한다. 그러면 가계 소득이 늘어나 기업이 생산하는 상품을 더 많이 구입하게 된다. 이런 시기에는 기업이익이 늘어나고, 이는 다시 주가 상승 요인으로 작용하는 것이다.

아래 그림은 우리나라 금리와 주가의 관계를 보여준다. 여기서 금리는 현재 시장금리를 대표하는 3년 만기 국고채 수익률을 사용하였다. 2000년 1월에서 2021년 10월까지의 데이터로 분석해보면 금리와 주가(코스피지수) 사이에는 상관계수가 -0.40으로 나타났다. 상관관계가 마이너스라는 것은 두 변수가 다른 방향으로 움직였다는 것을 의미한다. 즉, 금리가 떨어지면(오르면), 주가는 상승(하락)했다는 것이다. 참고로 통계 분석을 할 때 꼭 기간을 이야기하는 것은 왜일까? 기간에 따라 통계 분석의 결과가 다소 달라지기 때문이다.

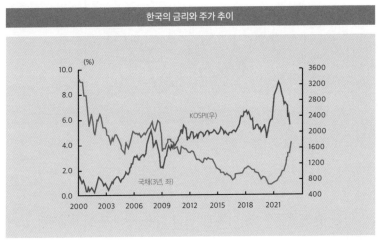

자료: 한국거래소, 금융투자협회

우리와는 달리, 일본의 경우는 금리와 주가가 같은 방향으로 움직이고 있다. 앞서 우리나라에서는 금리와 주가가 반대 방향으로 움직인다는 것을 이론적으로, 그리고 실제 데이터로 보았다. 그런데 일본에서는 아래 그림에서 보는 것처럼 전혀 다른 모습이 나타났다. 금리와 주가가 같은 방향으로 움직인 것이다. 실제로 1990년 1월부터 2003년 12월 사이 금리(10년 국채수익률)와 대표적 주가지수인 니케이225 사이의 상관계수가 0.80으로 나타났다.

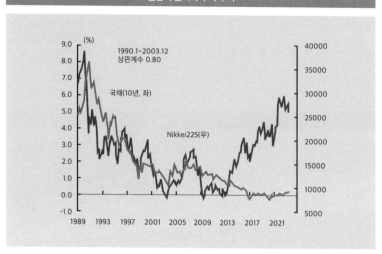

자료: Bloomberg

일본 증권시장은 왜 이론과 전혀 다른 결과가 나왔을까? 앞의 주가 결정 공식에서 그 답을 찾을 수 있다. 공식에서는 금리가 떨어진 것보다 기업이익증가율이 더 낮아지면 분모가 오히려 더 커진다. 그래서 금리가 떨어져도 주가가 하락하는 것이다.

1990년대에 접어들며 일본의 주식, 부동산 등 자산 가격의 거품이 붕괴하고 일본 경제는 소비 중심의 장기 침체에 빠지게 된다. 이 시기에 금리보다 경제성장률(기업이익률)이 더 낮아져 금리 하락에도 불구하고 주가가 떨어진 것이다. 그래서 일본에서는 이론과는 전혀 달리 '금리가 올라야 주가도 오른다'는 말이 유행하기도 했다.

환율을 결정하는 많은 변수

어떤 요소가 환율을 결정할까? 환율을 결정하는 가장 중요한 요소는 국제수지다. 국제수지는 경상수지와 금융 계정으로 구성돼 있다. 경상수지가 흑자라고 말한다면, 그것은 수입에 필요한 달러보다도 더 많은 달러를 우리 수출기업들이 해외에서 벌었다는 뜻이다. 나아가 그 달러를 사용하려면 국내 외환시장에서 달러를 원화로 바꿔야 하므로, 이 말은 국내에 달러 공급이 늘어났다는 의미다. 달러 공급이 늘어나면 자연스럽게 원·달러 환율은 떨어진다.

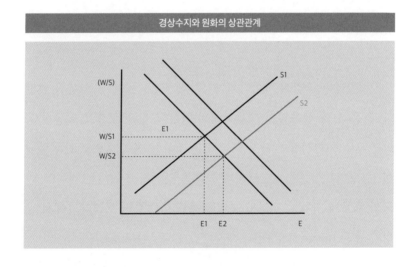

경상수지와 원화의 상관관계

그래서 경상수지 흑자가 나오면 환율이 떨어지고 원화 가치가 상승하게 된다. 그러나 2021년의 경우, 경상수지 흑자가 883억 달러에 이를 정도였지만 환율은 떨어지지 않았다. 그 이유가 무엇이었을까? 경상수지 흑자로 들어온 달러가 해외직접투자나 해외 증권에 대한 투자로 다시 빠져나갔기 때문이다. 경상수지 흑자가 되면 달러 공급이 늘어나지만, 해외직접투자나 해외 증권 투자를 위해서 결국 달러 수요도 함께 늘어난 것이다. 하지만 기본적으로 경상수지 흑자는 달러 공급의 증대로 원화 가치의 상승을 알려주는 지표다.

두 번째는 물가다. 우리나라의 물가가 미국의 물가보다 낮다면 우리 수출 상품이 상대적으로 저렴해지므로 대외매력도가 상승한다. 그 결과 수출이 늘어나게 되고 수출이 늘어나면 경상수지 흑자가 늘어나 또 환율이 떨어지는 연쇄작용이 발생한다.

세 번째는 금리의 차이다. 금리의 차이도 환율에 큰 영향을 미친다. 돈은 마치 살아있는 생물처럼 수익률이 높은 곳으로 이동한다. 최근 우리 외환시장의 가장 큰 우려는 미국이 빅 스텝으로도 부족해서 자이언트 스텝까지 단행하며 금리를 인상하고 있다는 점이다. 미국의 행보에 맞춰서 우리도 금리를 올리지 않으면 우리나라에서 금리가 높은 미국으로 돈이 다 빠져나가기 때문이다.

네 번째는 외환 거래자들의 의견과 예측이다. 예를 들어 외환 거래자들이 원화 가치가 상승할 거라고 예상하면 달러를 팔고 원화를 살 것이기 때문이다. 그래서 외환 거래자들 당사자들의 기대치와 전망치 또한 환율에 큰 영향을 미친다.

마지막으로 중앙은행의 외환시장 개입이 있다. 요즘 같은 국제경제 상황에서 크게 노골적으로 개입할 수는 없지만, 중앙은행이 적정 수준이라고 생각한 환율보다 크게 위로 올라가거나 밑으로 내려갈 때는 각국의 중앙은행이 어느 정도 외환시장에 개입하는 모습을 볼 수 있다.

이외에도 거시경제 정책이나 생산성이나 펀더멘털 같은 중장기 요인, 뉴스나 기대심리 같은 단기 요인 등 환율에 영향을 미치는 요인들이 많다. 그러나 환율을 결정하는 것은 주로 위에 적은 다섯 가지 요인이므로, 항상 이를 주시했으면 한다. 환율은 거시경제뿐만 아니라 개인과 기업에 큰 영향을 미치기 때문이다.

환율이 우리에게 미치는 영향

환율이 경제 변수에 어떤 영향을 미치는지 간단히 살펴보자. 우선 환율이 하락했다는 것은 우리나라 돈 가치가 올랐다는 것을 의미한다. 2022년 12월 현재 달러·원 환율은 1,300원 안팎에서 움직이고 있다. 만약 환율이 갑작스럽게 1,200원대로 떨어졌다고(원화 가치가 올랐다고) 가정해보자. 그렇다면 우선 우리 수출에 부정적인 영향을 미칠 것이다. 교역상대국을 미국으로 가정했을 때, 미국의 수입업자는 환율이 1,300원일 때 1달러로 1,300원 상당의 상품을 가져갔는데 환율이 떨어지면 1,200원만큼만 가져가야 한다. 상대적으로 우리나라 상품이 비싸지니까 수출 실적은 부진해진다.

그러나 반대로 수입은 증가할 것이다. 예전에는 1달러의 미국 상품에 1,300원을 지급했어야 했는데 환율이 1,200원으로 떨어지면 1,200원만 지급해도 되니까 130원의 차익을 얻은 셈이다. 그래서 환율이 떨어지면 수입은 증가한다. 그뿐인가, 환율은 물가에도 영향을 미친다. 환율이 떨어지면 무엇보다 원자재를 싸게 살 수 있기 때문이다. 그래서 환율이 떨어져서 원화 가치가 오르면 국내 물가가 하락하게 된다.

환율은 개별 기업에도 영향을 미친다. 수출이 경기를 주도하는 우리나라 시장에서 수출에 수익구조가 좌우되는 기업이 많을 것이다. 원화 가치가 오르면(환율이 떨어지면) 이런 기업의 상품 가격이 상대적으로 비싸지고 수출 경쟁력이 하락한다. 그래서 기업 매출과 이익에도 영향을 미친다. 기존과 같은 양을 수출해서 같은 금액의 달러를 받아도, 원화로 바꾸면 매출액 자체가 줄어버리기 때문이다.

물론 이렇게 환율이 떨어지면 수출도 힘들어지고 매출 이익이 낮게 잡히는 기업이 많겠지만, 그와 정반대인 기업도 있다. 예를 들어서 대한항공 같은 회사는 원화 가치가 오를수록 필수재인 원유를 싸게 구매 가능할 것이다. 또 해외와 연결된 운송회사의 특성상 달러 부채가 많지만, 환율이 떨어졌을 때라면 같은 원화 금액으로 부채 원리금을 더 많이 상환할 수 있다. 부차적으로 환율이 떨어지면 우리나라 돈 가치가 오르기 때문에 내국인이 외국으로 더 많이 여행을 가면서 단기적인 추가수익도 기대할 수 있다.

그래서 환율이라는 지표는 수출입·물가·거시경제 등의 변수에 광범위한 영향을 주지만 개별 기업에도 영향을 미치는 것이다. 만약 환율이 상승할 때는 이 반대의 효과가 있다고 생각하면 될 것이다.

어렵지만 유용한 균형환율의 마법

지금까지의 이야기를 생각하면 환율의 상승이든 하락이든 모두 어느 정도는 손해를 감내해야 한다는 생각이 든다. 그렇다면 한 나라의 경제 상황에 적합한 환율이란 것이 있을까? 그 답은 "있다"이다. 균형환율(Equilibrium Exchange Rates)이라는 이 개념은 대내균형과 대외균형을 동시에 달성할 수 있는 환율을 제시한다. 한 나라의 경제 상황에 알맞은 환율 수준으로 인플레이션이나 디플레이션을 유발하지 않으며, 국제수지의 균형을 가져오는 환율을 말한다. 불확실성이 가득한 환율 시장에서 이 균형환율을 이용해 지금의 환율이 얼마나 저평가 혹은 고평가되어 있는지 알아보는 균형이탈 정도를 파악하는 것으로 향후 환율의 전망이나 관리도 도모할 수 있다.

균형환율을 측정하기 위해서 여러 가지 환율을 사용한다. 보통 명목환율이라는 것은 지금 우리가 시장에서 보는 환율이다. 1달러당 1,330원, 1달러당 140엔, 1달러당 7.2위안 같은 식으로 서로 다른 통화 간 환율을 알 수 있다. 명목환율에서 나아가면 실질환율이 있다. 실질환율은 명목환율에 더해서 상대방 국가의 물가까지 고려하는 것이다.

> **예 미국과의 실질환율**
> 실질환율 = 명목환율 / (한국 물가/미국 물가)
> 일정 시점에서 실질환율이 1과 같으면 일물일가의 법칙 성립
> 보다 크면 자국 통화가 저평가, 1보다 적으면 고평가 의미

조금 더 어렵지만 고려하면 좋은 것이 실효환율이다. 이 실효환율은 교역 국가 간 통화를 확대해서 자국 통화와 모든 교역상대국 통화의 종합적인 관계를 나타내는 비율로 이는 주요 교역상대국의

명목환율을 교역량 등으로 가중한 명목실효환율과 이에 다시 교역 상대국의 물가지수 변동까지 고려한 실질실효환율로 나눠진다. 이 지표는 국제결제은행에서 매월 분석하고 있다.

그런데 우리나라의 실질실효환율 결정률을 살펴보면 미국의 비중은 14%에 불과하며, 중국의 비중은 33%로 증가했다. 이는 우리나라의 중국 의존도가 커졌다는 것을 의미하며 앞으로 우리나라의 환율은 중국의 위안과 밀접한 관계를 맺을 것이다.

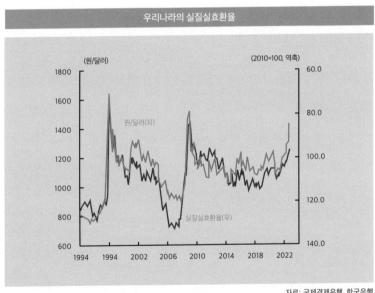

자료: 국제결제은행, 한국은행

국제결제은행은 2010년을 기준으로 삼아서 100으로 가정하고 실질실효환율을 계산한다. 가령 2022년 10월 기준 우리나라의 실질실효환율은 96.5로 나타나는데 이 수치의 의미는 우리나라 통화가 2010년을 기준으로 3.5% 과소평가됐다는 것이다. 환율이 조금 더 떨어져도 된다는 의미다.

하지만 환율이라는 지표에서 적정환율이라는 것은 허상에 가깝다. 계산 방법이나 기준연도의 설정에 따라서 적정환율이 달라지기 때문이다. 앞서 말한 국제결제은행의 실질실효환율을 보면 우리나라의 원화가 3.5% 과소평가됐지만, 다른 측면에서 보면 전혀 다른 결과가 나온다.

패스트푸드를 그리 싫어하지 않는다면 맥도널드의 빅맥을 힌 번쯤은 먹어봤을 티이다. 이 햄버거를 사용해서도 적정환율을 계산할 수 있다. 영국의 유명한 경제 전문 주간지 「이코노미스트」는 1986년부터 분기마다 빅맥지수(Big Mac Index)를 이용하여 각국의 환율이 과대평가되었는지, 혹은 과소평가 되었는지를 평가해왔다. 이를 버거노믹스(Burgernomics)라고 부르기도 한다. 사실 빅맥지수는 환율 결정 이론에서 가장 기본적인 구매력평가설(PPP; purchasing power parity)에 기반을 두고 있다. 즉 일물일가의 원칙에 따라, 같은 상품이라면 나라가 달라도 가격이 같아야 한다는 것이다. 빅맥지수에 따른 적정환율의 산출 방법은 다음과 같다.

2022년 7월 기준 미국에서 빅맥은 개당 5.15달러(애틀랜타, 시카고, 뉴욕, 샌프란시스코의 평균)이다. 그런데 같은 시기 한국에서는 빅맥이 개당 4,600원에 팔리고 있다. 일물일가의 법칙에 따라 빅맥의 가격은 미국과 한국에서 같아야 하고, 따라서 빅맥 한 개를 살 수 있는 5.15달러의 가치는 한국 돈 4,600원과 같아야 정상이다. 이를 다시 환산하면 미화 1달러의 가치는 원화 893.2원에 해당하므로, 빅맥지수에 따르면 원화의 균형환율은 미 달러당 893.2원이다. 하지만 「이코노미스트」가 빅맥지수 산출에 사용한 2022년 7월의 원·달러 환율은 1,313.45원이었다. 그러니까 원화의 가치가 32%나 저평가되어 있다는 얘기다.

빅맥지수는 각국 조세의 차이나 판매세, 요소비용(비교역재)의 차이를 고려하지 못하는 단점이 있다. 그럼에도 불구하고 각국 환율의 적정성 평가에 있어서 가장 중요한 척도 가운데 하나로 이용되고 있다. 물론 「이코노미스트」가 빅맥지수를 발표하고 얼마간의 시간이 지나서 2022년 9월의 원·달러 환율은 1,360원을 기록하고 있지만, 빅맥지수로 살펴본 당시의 한국의 원화는 32%나 저평가돼 있다. 그러나 국제결제은행의 기준으로 보면 우리나라 원화는 3.5%만 저평가된 상태로, 환율의 적정성은 어떤 것에 기준을 두느냐에 따라서 큰 차이를 보인다. 따라서 경제를 전망할 때는 어떤 한 지표에 매몰되어 경기를 파악할 것이 아니라 더 폭넓은 관점을 가지고 바라봤으면 한다.

부의 흐름이 보이는 경제 Q&A

Q

A

1998년 외환위기 이후 구조조정 때처럼 금융회사 특히 은행이 무너지지는 않을 것 같습니다. 은행들이 리스크 관리를 꾸준히 해오고 있고, 아직 부실여신 비율이 낮거든요. 그리고 한국을 대표하는 대기업은 상당히 건실한 상태이기 때문에 기업 파산이 은행 부실로 여겨졌던 그때와는 다릅니다. 다만 현재 어려운 상태에 놓인 중소기업들이 상당히 많기 때문에, 금융회사의 부실여신이 증가하고 일부 비은행금융회사들은 구조조정에 직면할 가능성은 있습니다. 개인들은 수익률보다는 안정성이 높은 금융회사에 돈을 맡겨야 할 것입니다.

국민연금이 해외주식을 중시하는 기금 운용 중기 자산 배분안을 내놓았는데 코스피에서 높은 지분율을 가진 국민연금이 해외로 나가면 국내 시장에는 충격이 있지 않을까요?

A 국민연금이 2022년 말 해외주식 비중을 27.8%, 2023년 말 30.3%로 올리기로 했습니다. 국내 주식 비중은 각각 16.3%, 15.9%로 목표치를 설정했습니다. 그러나 국민연금 기금의 절대액이 매년 증가(2041년까지)하고 있기 국민연금이 국내 주식을 순매도하지는 않을 것입니다. 그저 매수 규모가 상대적으로 축소된다는 뜻입니다.

Q

맥쿼리 인프라처럼 국민연금도 발전 가능성이 큰 외국의 SOC 사업에 뛰어든다면 장기적으로 좋지 않을까요? 우리나라 국민연금은 왜 주식에 더 많은 투자를 하는지 궁금합니다.

A

그렇지 않습니다. 국민연금의 운용자산 중 대체투자 비중은 지속적으로 증가하고 있습니다. 그 비중이 2010년 5.8%에서 2021년에는 12.6%로 증가했고, 2023년에는 13.8%로 늘릴 계획입니다. 외국인 SOC 사업에 직간접적 투자를 늘릴 것으로 보고 있습니다.

Q

연기금이 올해는 부진하지만, 그동안 시장의 흐름을 이끌면서 좋은 수익률을 냈다고 생각합니다. 개인 투자자가 연기금의 선택을 추종하면 어떨까요?

A

국민연금의 장기 주식투자 수익률이 10% 정도입니다. 연기금처럼 우량 종목 중심으로 장기 투자하면 비슷한 수익률을 낼 수 있을 겁니다. 다만 중요한 것은 주가가 하락할 때, 주식을 살 돈이 있는가, 하는 것이죠. 국민연금은 매월 연금이 들어오기 때문에 주가가 떨어지면 주식을 더 많이 살 수 있지만 말입니다.

작년 대비 에너지 수입에 사용되는 예산이 두 배 늘었다는 발표를 봤습니다. 소비 둔화를 우려한 원자재 가격 하락이 오면 무역적자가 해소될 수 있을까요?

A 2022년 들어 수입 물량은 줄어들고 있지만, 수입 금액이 늘면서 무역수지 적자를 기록하고 있습니다. 국제유가 등 원자재 가격이 상승했기 때문입니다. 우리나라는 매년 원유를 10억 배럴 정도 수입하고 있지요. 2021년 도입 단가가 배럴당 69.8달러였는데 2022년 들어 8월까지 110달러를 넘어섰습니다. 연간으로 보면 원유 도입에 연간 400억 달러를 더 지급하고 있다는 의미입니다. 2022년 하반기 이후 국제유가 등 원자재 가격이 하락하고 있기 때문에 이들 수입 금액이 줄고 무역수지 적자도 축소될 전망입니다.

수출입 동향을 살펴보면 반도체만 선방하고 나머지 제조업은 실적이 악화하고 있습니다. 만약 반도체까지 수출이 둔화하면 이를 타개할 해결책이 있을까요?

A 우리 수출에서 반도체가 차지하는 비중이 2011년 9%에서 2021년에는 19.9%까지 증가했다가, 2022년 들어 10월까지 19.3%로 약간 줄었습니다만, 여전히 가장 높은 비중을 유지하고 있습니다. 2023년에 세계 경제가 침체에 빠질 가능성이 큰데, 이 경우 우리 수출은 반도체 중심으로 감소세로 돌아설 수 있습니다. 선박 수출 비중이 2010년 10.5%에서 2022년 1월~10월에는 2.5%까지 떨어졌습니다. 그러나 2022년 들어 우리나라 조선업체들의 수주가 크게 늘어나고 있기 때문에 반도체 감소분을 어느 정도 보충할 것으로 내다보고 있습니다.

Q

회사채에 투자할 때 특정 기업의 회사채에 투자하는 것보다 회사채 ETF에 투자하면 더 안전할까요?

A 네, 회사채 ETF에 투자하는 편이 안정성이 더 높습니다. 그러나 그 ETF에 들어가 있는 회사들을 잘 봐야겠지요. 2023년에는 국내경제가 침체에 빠질 가능성이 높습니다. 많은 회사가 구조조정을 할 수도 있고요. 2023년까지는 회사채 신용등급이 AA- 이상으로 구성된 ETF에 투자하시는 게 좋을 것 같습니다.

Q

장외 채권시장에서 지방채에 투자하는 것은 어떻게 생각하시는지 궁금합니다.

A 지방정부가 보증하는 지방채 투자는 바람직하다고 생각합니다. 2023년 이후 금리가 하락할 것으로 예상되기 때문에 시세차익도 누릴 수 있을 것 같습니다.

고금리를 노린 단기유동자금의 이탈로 주식과 부동산 시장이 얼어붙고 있습니다. 그렇다면 이렇게 이탈한 단기유동자금을 흡수한 금융지주사의 주가는 어떻게 될까요?

A 은행 정기예금으로 많은 돈이 들어오고 있습니다. 현재 주가가 저평가된 상태이고 배당수익률이 높기 때문에 일부 자산에 투자해도 좋을 것 같습니다.

정부로부터 250만 호에 달하는 주택 공급 계획이 발표되었습니다. 주택 가격하락을 걱정하는 시선도 있습니다. 부동산 안정에 도움이 될 것이라 보시는지요?

A 저는 주택 가격이 하락세로 전환했다고 보고 있습니다. 주택 가격에 영향을 미치는 금리, 대출액, 경기 등이 부정적으로 작용하고 있기 때문이죠. 하지만 250만 호 공급은 어려울 것이며, 만약 전부 공급이 된다면 주택 가격 하락 폭이 더 커질 수 있습니다.

Q

경제의 축이 미국에서 아시아로 넘어오고 있다고 설명해주셨습니다. 그렇다면 과거 중국의 성장을 이끌었던 인구, 저임금, 높은 성장세 등의 요소를 비슷하게 가지고 있는 인도나 베트남, 인도네시아에 투자할 때는 어떤 위험을 대비하는 게 좋을까요? 또 어떻게 접근해야 좋을지 귀띔해주십시오.

A 제가 경제를 40여 년간 공부하면서 깨달은 것은 경제의 모든 비밀은 인구 구조에 있다는 것입니다. 이런 측면에서 인도, 베트남 등 국가의 성장 가능성은 매우 크다고 봅니다. 지난 30년간 중국의 고성장 패턴을 이들 나라가 따라가리라고 보고 있습니다. 이들 나라에 투자는 바람직해 보입니다. 그러나 아직 기업의 투명성이 낮은 상태이므로 직접 기업에 투자하기보다는 우량주로 구성된 ETF나 펀드에 투자하는 게 좋을 것 같습니다.

Q

코스피가 MSCI에 편입되어야 한다는 의견이 있습니다. 코스피에 대한 접근성 확대가 주가에 도움을 줄 수 있을까요?

시간의 문제일 뿐, MSCI 선진국 지수에 편입될 가능성은 아주 큽니다. 그것이 실현되면 글로벌 주식투자 자금이 더 들어오고 우리 주식시장 안정에도 크게 기여할 것입니다.

Q

최근 개인 투자자 사이에서 소위 '태조이방원(태양열, 조선, 2차전지, 방산, 원자력)'으로 불리는 테마주가 큰 관심을 끌고 있습니다. 이 열기가 정상적인가요? 정상적이라면 이 테마주들의 성장이 어디까지일지 궁금합니다.

이런 단어들이 언론에 나올 즈음이면 이미 주가가 단기적으로 많이 오른 상태입니다. 그러나 중장기적으로 보면 우리 경제의 미래를 이끌어갈 산업이기 때문에 장기적 관점에 보는 게 좋을 것 같습니다.

Q

A 특별한 위기 상황이 아니라면 공매도 제도는 신용과 같이 존재해야 한다고 봅니다. 단지, 공매도 때 기관과 개인 사이에 차별은 없어야 합니다.

Q

국내 증권사의 리포트를 살펴보면 거의 모든 투자의견이 매수입니다. 내년 시황이 부진할 것으로 예상하는데 왜 매도 의견이 나오지 않을까요?

A 원래 증권사 영업과 기업과의 관계 때문에 매도 의견은 잘 나오지 않는 법입니다. 애널리스트 보고서에 중립 의견 정도만 나오면, 매도 보고서와 유사하다고 봐도 될 것 같습니다.

마지막 질문을 드리겠습니다. 2022년 12월 여전히 경제에 대한 불안 요소가 계속 터져 나오는 시점에서, 독자이기도 한 대부분의 개인 투자자가 할 수 있는 최선의 선택은 무엇이라고 생각하시는지 궁금합니다. 경제 흐름에 대한 지속적인 관망과 학습일까요? 교수님의 의견을 듣는 것으로 마무리하고자 합니다.

A

거의 모든 자산 가격은 장기적으로 상승하는 가운데, 단기 사이클에 따라 오르고 내립니다. 현재는 경기가 수축국면에 접어들었고, 주식, 부동산 가격도 하락 사이클에 있습니다. 이럴 때일수록 시장을 떠나서는 안 됩니다. 멀리 내다보면서 투자 시기를 찾아야 합니다. 그러기 위해서 주요 경제 변수를 분석하면서 경기 흐름을 공부해야 합니다.

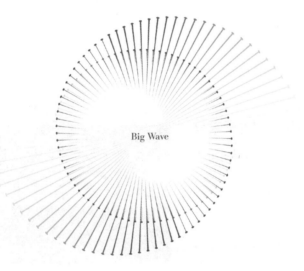

Big Wave

용어 사전

• CPI, PCE, Core PCE

　대부분 국가의 중앙 은행은 소비자물가지수 (CPI)와 근원 소비자물가 지수(Core CPI)를 사용하 고 있지만, 미국의 중앙 은행인 FRB는 개인소비 지출(PCE)와 근원 개인소비지출(Core PCE)을 중시하고 있다.

　개인소비지출은 우리가 소비하는 비용 중 건물이나 토지를 구 매하는 비용을 제외한 나머지 모든 것에 대한 소비를 지수화한 것이다. 소비자물가지수는 소비자가 직접 구매하는 서비스와 상품을 다룬다면, 개인소비지출은 정부가 가계를 대신해서 구매한 서비스 및 상품도 포함한다. 한 발짝 더 나아가 근원 개인소비지출은 개인소비지출에서 음식과 에너지같이 변동성이 큰 요소들을 제외한 것이다.

● 골디락스(Goldilocks) 경제

영국 전래동화에 등장하는 소녀의 이름에서 유래한 것으로, 경제학에서는 경제가 높은 성장을 이루고 있더라도 물가상승이 없는 이상적인 상황을 지칭한다.

● GDP 갭률(Output Gap)

GDP갭은 실제GDP와 잠재GDP의 차이를 의미한다. 잠재GDP는 한 나라의 생산 요소인 노동과 자본을 모두 사용하여 인플레이션을 가속하지 않으면서 달성할 수 있는 최대 수준의 GDP이다. 경기 침체기에는 생산 활동이 저조해져 인플레이션율이 낮아지면서 낮아져 GDP갭이 마이너스(-)가 되는 반면 경기 호황기에는 생산 활동이 활발해져 인플레이션율이 높아지면서 GDP갭은 플러스(+)가 된다. GDP갭의 부호는 GDP의 실제치와 장기 추세치의 차이로도 파악할 수 있다. 실제GDP가 장기 추세치보다 크면 GDP갭이 플러스(+)가 되고 반대로 실제GDP가 장기 추세치보다 작으면 GDP갭은 마이너스(-)가 된다.

● 화폐수량설

화폐수량설(Quantity theory of money, QTM)은 고전학파의 이론 중 하나로, 물가 수준이 화폐의 수량에 비례한다는 이론이다. 예를 들어 통화량이 두 배 늘었다면 화폐수량설은 물가 수준도 두 배 오를 것으로 예측하는 식이다.

● 스태그플레이션(stagflation)

스태그플레이션은 '스태그네이션(stagnation)'과 '인플레이션(inflation)'의 합성어로, 거시경제학에서 고(高) 물가상승과 실직, 경기 후퇴가 동시에 나타나는 경우를 말한다. 그 정도가 심할 경우 '슬럼프플레이션'이라고도 한다. 또한 경제학에서 스태그플레이션 혹은 경기침체 인플레이션은 인플레이션 지수가 높고, 경제 성장 지수는 낮으며 실업률은

높은 상태가 유지되는 상황을 말한다.

● **수요견인형 인플레이션**(demand-pull inflation)

어떤 물건에 대한 수요가 공급보다 많을 때 그것의 가격이 오르듯이, 국민경제 전체적으로 총수요가 총공급을 초과하면서 발생하는 지속적인 물가상승을 '수요견인 인플레이션(demand-pull inflation)'이라 한다.

● **비용상승형 인플레이션**(cost-push inflation)

'비용인상 인플레이션(cost-push inflation)'은 인플레이션의 발생원인을 공급측면에서 찾는 것으로, 제품의 생산비용이 전반적으로 증가함에 따라 발생하는 지속적인 물가상승을 의미한다.

● **테일러 준칙**(Taylor rule)

테일러 준칙이란 실제인플레이션율과 실제경제성장률이 각각 인플레이션 목표치와 잠재성장률을 벗어날 경우 중앙은행이 정책

금리를 변경한다는 이론으로 특정 국가의 적정 금리수준을 파악하는 방법 중 하나다. 이에 따르면 중앙은행은 실제인플레이션율이 인플레이션 목표치보다 높은 경우 금리를 올리고 반대의 경우 금리를 내리며, 또한 실제성장률이 잠재성장률보다 높으면 금리를 올리고 반대의 경우에는 금리를 내린다.

● 구축효과(Crowding-out effect)

정부지출 증가 때문에 민간부문의 투자나 소비가 감소하는 현상이다. 정부가 경기 부양을 위해 세금을 걷지 않고 지출을 늘리려면 국채를 발행해서 돈을 빌려야 하는데, 그 경우 민간에서 빌릴 수 있는 자금이 줄어들어 이자율이 상승하고 민간의 투자와 소비가 감소한다. 결국 투자와 소비이 감소로 인해 민간 부분에서 창출될 생산 증가가 감소하여 정부의 재정지출로 인한 생산증가를 상쇄하게 되는 현상이 나타난다. 경제가 불황일 때에는 민간의 투자수요가 적기 때문에 구축효과가 크지 않을 수 있지만, 경제가 정상이거나 활황일수록 구축효과는 더 뚜렷하게 나타날 수 있다.

● 신용 스프레드(Credit Spread)

신용 스프레드는 기업이 발행하는 채권인 회사채의 신용 위험

(Credit Risk)을 평가하기 위한 스프레드이다. 신용 위험은 채무자가 원리금을 상환하지 못할 위험을 뜻하며, 이를 파악하기 위해서 국채 금리를 비교 대상으로 삼는다. 우리나라는 3년 만기 국고채 금리와 3년 만기 AA- 등급 회사채 금리 차이로 신용 스프레드를 측정하고 있다.

● **투키디데스의 함정**(Thucydides Trap)

이 말은 본래 B.C 400여 년 전 '펠로폰네소스 전쟁사'를 쓴 투키디데스(Thucydides)로부터 따온 것이다.

"전쟁이 필연적이었던 것은 아테네의 부상과 그에 따라 스파르타에 스며든 두려움 때문이었다."

고전이 된 이 어구는 냉혹한 현실 정치에 깔린 내적 긴장 구조를 잘 묘사한다. 즉 신흥국의 부상은 기존 강대국에 위협감을 주고 그로부터 생겨난 불안감은 필연적으로 전쟁을 일으킨다는 논리다.

● **버핏 지수**(Buffett indicator)

버핏지수는 코스피와 코스닥 등 국내 증시 시가총액을 명목 국내총생산(GDP)으로 나눈 지표로 한 나라 경제의 생산 능력에 비해 주식 가격이 얼마나 되는지를 나타낸다. 이 지수가 75~91% 선에 머

무르면 적정 가격이라고 본다. 개별 기업 주가를 주당순이익으로 나눠서 주식 가격의 적정선을 살펴보는 주가수익비율(PER)과 비슷한 원리로 가치 투자자 워렌버핏이 중요하게 보는 지표다.

● 케이스-실러 지수(Case-Shiller index)

케이스-쉴러 지수란 세계 3대 신용평가회사인 스탠더드앤드푸어스(S&P)가 발표하는 대표적인 주택가격지수로 칼 케이스 웨슬리대 교수와 로버트 쉴러 MIT대 교수가 개발했다. 이 지수는 특정 MSA(Metropolitan Statistical Area:집계 기준이 되는 대도시권)의 모든 단독주택 가격의 평균적 변화를 나타낸 것으로 2회 이상 거래된 주택의 가격 변동률로 산정해 신뢰도가 높은 편이다.

● 부의 효과(wealth effect), 역의 부의 효과(reverse wealth effect)

주식 등 자산의 가치가 증대되는 경우 그 영향으로 소비가 늘어나는 효과를 말한다. 집이나 주식 등의 자산의 가격이 올라갈 경우 사람들은 소득이 그대로라도 소비를 늘리게 된다. '자산효과'라고도 한다. 이와 반대로 자산 가치가 쪼그라든 여파로 소비가 위축되는 것은 '역 자산효과'라고 한다.

● 벡터자기회귀(VAR; Vector Autoregression) 모형

VAR 모형의 가장 큰 특징은 첫째, 충격반응분석(impulse response analysis)을 통하여 어떠한 한 변수의 변화가 내생변수에 미치는 동태적 반응을 파악할 수 있다. 둘째, 분산분해(variance decomposition)를 통하여 각 내생변수의 변동이 전체변동에 기여한 부분의 상대적 크기를 분석할 수 있다. 셋째, 경제이론보다 실제 자료에서 도출된 결과를 분석한다. 그러나 VAR모형은 사용되는 변수 및 표본기간, 시차길이를 따라서 결과가 달라질 수 있다는 약점이 있다.

● 투자자예탁금

투자자예탁금은 투자자들이 주식매매를 위해 증권사 계좌에 넣어놓는 돈을 의미한다. 증시에 언제든지 투입될 수 있는 대기성 자금의 일종이다.

● 환매조건부증권

환매조건부채권은 흔히 RP(Repo, RePurchase agreement)라고 부른다. 발행자가 일정 기간이 지난 뒤 되사는 조건으로 발행하는 채권이다. 은행이 취급하는 예금상품 중 자금시장에서 팔고 살 수 있는 시장성

예금 상품으로 양도성정기예금증서(CD) 외에 환매조건부채권(RP)이 대표격이다. 거래 금액, 매매자에 제한이 없지만, 만기 이후의 보장이나 예금자보호를 받지 못하므로 거래에 주의를 기울여야 한다.

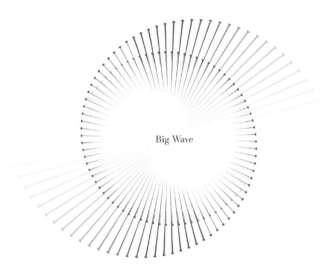

Big Wave

BIG WAVE 거대한 변화

초판 1쇄 인쇄 2023년 1월 5일
초판 5쇄 발행 2023년 4월 24일

지은이 | 김영익
펴낸이 | 권기대
펴낸곳 | ㈜베가북스

주소 | (07261) 서울특별시 영등포구 양산로17길 12, 후민타워 6~7층
대표전화 | 02)322-7241 팩스 | 02)322-7242
출판등록 | 2021년 6월 18일 제2021-000108호
홈페이지 | www.vegabooks.co.kr **이메일** | info@vegabooks.co.kr
ISBN 979-11-92488-21-9 (03320)

Big Wave

Big Wave